Stadtbus - Liniennetz
1957

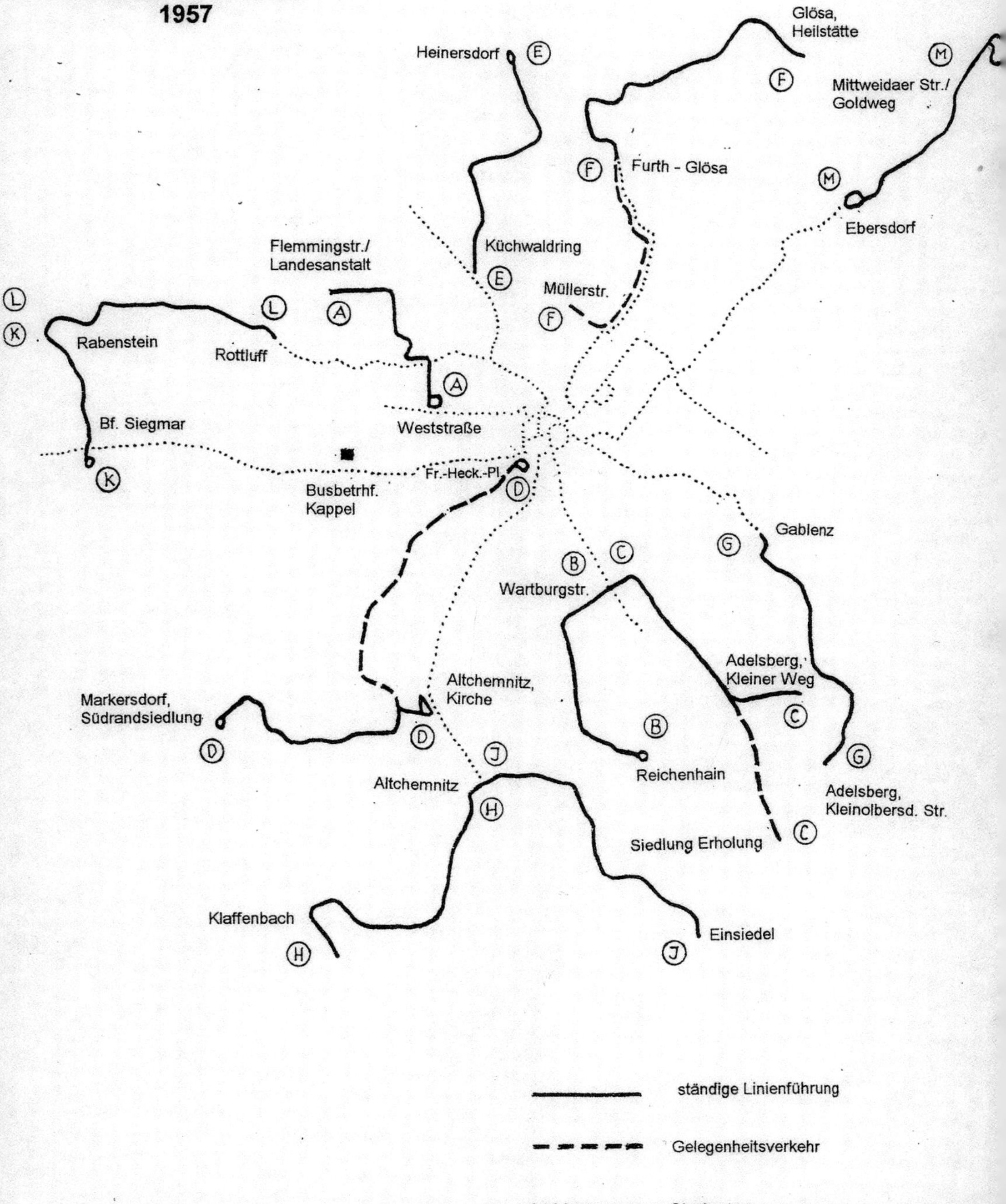

Matthes

Omnibusverkehr in Chemnitz

Ein Büssing-Stadtlinienbus VI Gln bewältigt bei seiner Fahrt nach Helbersdorf und Markersdorf im Verlauf der Stollberger Straße eine Steigungsstrecke auf den Kapellenberg. Rechts im Foto von 1931 ist die 1945 zerstörte Nikolaikirche zu sehen.

Heiner Matthes

Omnibusverkehr in Chemnitz

Die Geschichte der Stadtlinien und Fahrzeuge von 1922 bis heute

SUTTON

Fahrer und Schaffner postieren sich (1937) vor einem etwas skurrilen Omnibus mit separater Fahrerkabine („Wahrsagerhäuschen") an der Endstelle in Reichenhain. Der aus Leipzig übernommene Wagen des Typs Vomag O II bietet bei 8,1 Metern Länge 27 Sitzplätze; sein Motor leistet 40 kW.

Einband vorn: Gelenkbus des Typs Ikarus K-180 in der Wendeschleife des Wohnungs-Neubaugebietes Flemmingstraße (1978).
Vorsatz: Blick auf die „gute Stube" der Stadt, den Theaterplatz mit König-Albert-Museum, Opernhaus, Petrikirche und Hotel „Chemnitzer Hof". Im Vordergrund des Bildes von 2014 bedient ein Omnibus die gleichnamige Haltestelle.
Seite 5: Auch im Ausland fand der Neoplan-Megashuttle reges Interesse: Zum internationalen UITP-Kongress in Sydney 1993 präsentierte sich das CVAG-Fahrzeug Nr. 200 vor dem dortigen Wahrzeichen – der 1973 eröffneten Oper. Der vierachsige Sitzplatzriese ist 15 Meter lang, bietet 91 Sitz- und 37 Stehplätze und benötigt 236 kW Antriebsleistung.
Nachsatz: Liniennetzplan 2020.
Einband hinten: Auf der Linie E 21 pendelten „Megashuttles" zwischen der Zentralhaltestelle und dem an der Peripherie der Stadt gelegenen Einkaufspark „Chemnitz-Center". Im Bild von 1996 verlässt ein solcher Omnibus gerade die Zentralhaltestelle vor der Kulisse des Rathauses. Heute befindet sich hier die Galeria Kaufhof Karstadt.

Impressum
Sutton Verlag GmbH
Arnstädter Straße 8
99096 Erfurt
www.suttonverlag.de

ISBN: 978-3-96303-296-7
Druck: Florjančič Tisk d.o.o. / Slowenien
Gestaltung und Herstellung: Sutton Verlag
Lektorat: Matthias Hansen

Inhalt

Bildnachweis

Thomas Laube, Verein Straßenbahnfreunde Chemnitz e.V.: S. 4, 12; Manfred Fischer: S. 17 o.; Volker Thon: S. 18 u. Die übrigen Fotografien stammen vom Autor bzw. aus dessen Sammlung. Gleichermaßen fertigte er die Liniennetzgrafiken an.

Literaturverzeichnis

Matthes, Heiner: Die Chemnitzer Straßenbahn. Geramond, München, 1998.

Fischer, Manfred und Matthes, Heiner: Der Omnibusverkehr in und um Chemnitz, Bildverlag Böttger GbR, Witzschdorf, 2006.

Kassner, Jens: Chemnitz – Architektur der Moderne, Passage-Verlag, Leipzig, 2009.

Straßenbahnfreunde Chemnitz e.V. (Hrsg.): Auf Gummisohlen durch Chemnitzer Straßen, 2010.

Ikarus-Gelenkomnibus auf der Linie 32 in Richtung Dresdner Straße vor dem Empfangsgebäude des Hauptbahnhofs (um 1985).

Zum Anliegen des Buches

Eine Stadt ohne den Omnibus zur Verkehrserschließung ist heute kaum denkbar. Er bedeutet ein Stück Lebensqualität, wenn es darum geht, Gebiete mit dichter oder aufgelockerter Wohnbebauung untereinander und mit dem Stadtkern zu verbinden sowie Industrieansiedlungen, Gesundheitseinrichtungen, Einkaufszentren, Terminals, Kulturstätten und Naherholungsflächen verkehrsseitig zu bedienen. Das dafür optimal geeignete Verkehrsmittel ist der Omnibus – ganz gleich in welcher Form –, der inzwischen auf allen Kontinenten die größte Verbreitung gefunden hat (ohne damit Schienenbahnen für hohes Fahrgastaufkommen den ihnen gebührenden Rang streitig zu machen!).

Der „Terminus technicus“ für diese öffentliche Einrichtung ist eine Wortvermischung mit der aus dem Lateinischen stammenden Vokabel „omnibus“, welche „für alle“ bedeutet. Daraus leitete sich schließlich der Begriff des „Automobil-Omnibusses“ ab, der sich in der Folgezeit zum „Autobus“ bzw. „Omnibus“ und (kurz) „Bus“ gewandelt hat. Dieser Kraftwagen ist letztendlich zur Benutzung durch alle Personen ohne Ausnahme bestimmt – im vorliegenden Buch die Bürger und Gäste der Stadt Chemnitz.

Freilich fuhren bereits seit 1910 privat betriebene Autobusse aus der Region in die sächsische Industriestadt. Sie waren allerdings nicht für innerstädtische Verkehrsaufgaben bestimmt und werden daher in dieser Monografie nicht behandelt.

Erst am 1. Februar 1922 nahm die erste städtische „Autolinie“ den Fahrbetrieb auf. Dieses Ereignis liegt nunmehr ein Jahrhundert zurück. Die Publikation zeigt aus diesem Anlass die vielschichtige und spannende Entwicklung des Omnibusses von dessen einstigem Schattendasein an der Seite der Chemnitzer Straßenbahn bis zum leistungsfähigen vermaschten Verkehrssystem auf, das mittlerweile seine Linienäste bis in das Umland ausstreckt. Es werden dabei weniger die technischen Belange betrachtet, denn darüber existieren bereits Veröffentlichungen. Stattdessen geht es vordergründig um die Darstellung des Nahverkehrsmittels, eingebettet in sein natürliches Umfeld als Merkmal städtischer Betriebsamkeit. Dadurch kommen insbesondere die an der beschriebenen Verkehrsentwicklung und am fotografisch dokumentierten Stadtbild interessierten Leser auf ihre Kosten, welche diese Publikation in Wort und Bild erreichen möchte.

Die Abbildungen sollen dem geneigten Leser gleichwohl vor Augen führen, dass die mitunter geschmähte Industriestadt durchaus kein monotones, uninteressantes Antlitz bietet, sondern bei näherer Betrachtung ihrer zentrumsnahen Gebiete sowie Vororte durchaus über einen arteigenen Liebreiz verfügt. Verständlicherweise ließ sich aus Platzgründen nicht jeder von Bussen befahrene Straßenzug fotografisch darstellen. Die getroffene Auswahl an Illustrationen zeigt teilweise schon bekannte Ansichten; deren Palette ist hingegen durch zahlreiche bisher unveröffentlichte Bilder bereichert.

Auf einem Teil der Straße der Nationen benutzen Schienenbahnen und Stadtlinienbusse den besonderen Gleiskörper und bedienen gemeinsame Haltestellen. Das Foto von 2014 zeigt den Schillerplatz mit dem Hotel „Chemnitzer Hof", hinter dem der Petrikirchturm hervorragt.

Im Gegensatz zur Schienenbahn besitzt das Verkehrsmittel Omnibus die Eigenheit und zugleich den Vorteil, in seiner Linienführung anpassungsfähig zu sein. Veränderungen sind daher kurzfristig, weshalb auch immer, zu erwarten. Auf dieses Buch bezogen bedeutet dies natürlich auch, dass zum Redaktionsschluss (März 2022) brandneu niedergeschriebene Fakten von der Praxis bereits nach einiger Zeit überholt sein können – doch das liegt eben in der Natur der Dinge. Die Publikation ist ebenfalls all jenen Mitarbeiterinnen und Mitarbeitern gewidmet, die tagtäglich rund um die Uhr und unter allen äußeren Bedingungen die blau-gelben Busse von MAN und Daimler-Benz gemeinsam mit Partnerfirmen durch Chemnitz chauffieren und ihre Kunden sicher an ihre Fahrziele bringen. Nicht vergessen seien überdies alle Beschäftigten der Verkehrsunternehmen, die für die Instandhaltung des Fahrzeugparks und der Infrastruktur Sorge tragen.

1

Wie alles begann

Die Stadt Chemnitz hatte sich Anfang der 1920er-Jahre bei Weitem noch nicht wieder von den Folgen des Ersten Weltkrieges erholt. Die einst florierende Industrie kam nur zögerlich wieder in die Gänge und die Teufelsspirale der inflationären Geldentwertung mit gravierenden Teuerungen hatte noch lange nicht ihren Höhepunkt erreicht. Die Einwohnerzahl belief sich am Jahresende 1921 auf 317.474 Bürger, Tendenz steigend. Das Straßenbahnunternehmen befand sich ebenfalls in einer wirtschaftlichen Schieflage.

Glücklicherweise verfügte die Stadt Chemnitz schon über ein gut ausgebautes Straßenbahnsystem. Es erschloss die bevölkerungsreichsten Vorstädte mittels strahlenförmig vom Zentrum aus verlaufender Strecken. Dennoch verblieben einige Stadtgebiete ohne direkte Erreichbarkeit durch die Straßenbahn, welche zwar im Zuge der jüngsten Eingemeindungen den Bewohnern zugesagt, aber wegen fehlender Geldmittel trotz bereits gebauter künftiger Bahnkörper nicht auszuführen waren. So orientierte die Stadtverwaltung auf die einstweilige Erschließung durch Autobusse.

Davon betroffen war auch die 1918 eröffnete Frauenklinik an der Flemmingstraße. Dorthin wurde am 1. Februar 1922 von der Straßenbahnhaltestelle Limbacher/Erzbergerstraße aus die erste städtische Omnibuslinie in Betrieb genommen und mit einem von der Staatlichen Kraftwagenverwaltung gemieteten Wagen befahren. Die Verbindung musste jedoch wegen völliger Unrentabilität bereits nach drei Monaten wieder stillgelegt werden. Erst ein im März 1925 gestartetes erneutes Wagnis unter gleichen Bedingungen erwies sich hoffnungsvoller.

Es keimte daher der Wunsch zur Einrichtung weiterer Autobuslinien, welche dann mit eigenen Fahrzeugen befahren werden sollten. Nach Kauf der ersten vier fabrikneuen Busse der Fabrikate Büssing und NAG nahmen diese am 14. bzw. 28. April 1926 den Linienbetrieb zwischen dem Hauptbahnhof und der Landesanstalt an der Flemmingstraße bzw. nach Markersdorf über Helbersdorf auf. Beide Linien erfreuten sich lebhaften Zuspruchs, sodass nach dem Erwerb weiterer Fahrzeuge des Herstellers MAN zusätzliche Einsatzlinien zum Andréplatz (Linie B) bzw. zur Haydnstraße (Linie D) eingerichtet werden mussten. Letztere bewährten sich jedoch nicht und wurden nach wenigen Wochen wieder stillgelegt. Die Stammlinien erhielten 1928 die Bezeichnungen A und C.

Eine Option für Verbindungen nach Orten im unmittelbaren Chemnitzer Umland, wie Harthau, Rabenstein oder Grüna, blieb allerdings unerfüllt, weil das sächsische Innen- und Finanzministerium Linien in Gemeinden außerhalb der damaligen Chemnitzer Stadtgrenze nicht genehmigte.

Stattdessen erhielt der 1929 in die Stadtgemeinde integrierte Vorort Reichenhain ab 5. Januar 1929 eine Verbindung zum Falkeplatz durch eine neue Linie mit der Bezeichnung B.

Die Führung der Buslinien veränderte sich aus politischen und wirtschaftlichen Gründen im Laufe der nächsten Jahre häufig. Das Streben nach guten finanziellen Ergebnissen orientierte daher auf Ausflugs- und Sonderverkehre nicht nur innerhalb Sachsens, sondern auch deutschlandweit, während sich die Stadtlinien auf den unbedingt notwendigen Umfang beschränkten. Als kurzlebiges Experiment erwies sich eine Sonderlinie vom Wettinerplatz (heutiger Thomas-Mann-Platz) zum Weißen Weg, dem Zugang zum Naturbad Niederwiesa, während der Badesaison 1931.

Die Chemnitzer Bürger wünschten sich schon längere Zeit eine Ringlinie, welche mehrere Vorstädte unter Meidung des Stadtzentrums miteinander verbinden sollte. Trotz nachgewiesener Unrentabilität war das Verkehrsunternehmen bereit, probeweise ab 24. Oktober 1934 einen sechs Kilometer langen Teil-Ring (R) vom Städtischen Friedhof durch die neuen Siedlungen an der Zschopauer Straße in Bernsdorf und in Gablenz bis zum Betriebshof Planitzstraße einzurichten. Doch bereits nach drei Wochen ruhte der Liniendienst mangels ausreichender Inanspruchnahme wieder. Stattdessen nahm am 12. Februar 1935 die Radiallinie Z zwischen dem Neumarkt und der Zschopauer Straße/Breitenlehnweg mit den verfügbaren Bussen den Betrieb auf und zeigte sich wesentlich erfolgreicher. (Der Gedanke einer Ringverbindung erlangte übrigens rund 80 Jahre später erneute Aktualität!)

Das ab 1933 in Deutschland etablierte Machtsystem setzte anfangs auf den technisch mittlerweile vervollkommneten Kraftwagen, um damit Freizügigkeit zu demonstrieren. Davon sollte auch Chemnitz profitieren, indem ab 17. Januar 1937 zwei städtische Buslinien zu Langläufen von je 14 km umgestaltet und damit zusätzliche Stadtteile angeschlossen wurden:

Linie B	Reichenhain–Städtischer Friedhof–Südbahnhof–Stadtzentrum, Theaterstraße–Stollberger Straße–Helbersdorf–Markersdorf–Südrandsiedlung und
Linie Z	Zschopauer Straße (Neue Schänken)–Stadtzentrum, Theaterstraße–Schillerplatz–Schloßchemnitz–Borna–Heinersdorf

Die bestehende drei Kilometer kurze Linie A pendelte hingegen nur zwischen der West-/Ulmenstraße und der Landesanstalt an der Flemmingstraße.

Zur Bedienung aller Linien standen im Jahr 1940 29 Fahrzeuge der Fabrikate MAN, Büssing, Mercedes-Benz, Opel und Krupp zur Verfügung. Problematisch waren allerdings die Abstellung und Instandhaltung des Fuhrparkes: 1926 stellte die MAN pachtweise eine Garage an der Huttenstraße in Ebersdorf bereit und die Instandhaltung erfolgte in angemieteten Werkstatträumen in Furth. Schließlich baute die Städtische Straßenbahn 1931 im Betriebshof Kappel eine ehemalige Straßenbahn-Wagenhalle zur Buswerkstatt um, weil seinerzeit nicht auf einen Neubau gehofft werden konnte. Für die Fahrzeugabstellung entstand am gleichen Ort ein Holzschuppen als Garage, dessen Fassungsvermögen beizeiten erschöpft war.

Der Ausbruch des Zweiten Weltkrieges am 1. September 1939 beendete schlagartig diese Scheinblüte, denn wegen der Treibstoffkontingentierung und Fahrzeugbeschlagnahme wurden die Linien sofort zu kurzen Zubringern zur Straßenbahn degradiert:

A	Landesanstalt–Limbacher Straße	**C**	Markersdorf, Südrandsiedlung–Kirche Altchemnitz
B	Reichenhain–Wartburgstraße–Zschopauer Straße	**Z**	Heinersdorf–Küchwaldring

Ein Großteil der Busse wurde auf den Betrieb mit Niederdruck-Stadtgas als Energiequelle umgebaut und erhielt auf die Wagendächer Gasballonhüllen montiert. Gastankstellen entstanden im Betriebshof Kappel und an den Linienendpunkten.

Die Fahrpläne erfuhren drastische Einschränkungen und der Fahrbetrieb selbst wurde im Verlauf der Kriegsereignisse immer unregelmäßiger, bis er am 3. März 1945 nach Zerstörung der Gasversorgungsanlagen schließlich ganz zum Erliegen kam. Zuvor noch mussten die einsatzfähigen Omnibusse auf den zerstörten Straßenbahnstrecken nach Borna und Bernsdorf Ersatzverkehr leisten. Dennoch sank dieser Verkehrszweig in Chemnitz zur Bedeutungslosigkeit herab.

Im Gegensatz dazu erhielt die schwerpunktmäßig in das Rüstungsprogramm einbezogene Stadt im Jahr 1941 vom Reichsverkehrsministerium die Bewilligung zum Bau einer seit Langem konkret geplanten Obuslinie zwischen dem Neumarkt und der Garnisonstraße (heutige Carl-von-Ossietzky-Straße) ab 1943. In diesem weitab von Straßenbahnen gelegenen Stadtgebiet waren erstens viele Erwerbstätige angesiedelt und zweitens dienten heimische Rohstoffe als Energieträger für die vorgesehenen Elektrofahrzeuge. Trotz vorgesehener einfachster Bauweise der Anlage erlaubten die sich verschärfenden Kriegshandlungen aber außer einigen Vorarbeiten keinen Baubeginn.

Eines der nur zwei Fahrzeuge umfassenden Lieferserie vom Typ KO 9 der NAG, Baujahr 1926, auf der Flemmingstraße um 1927 vor der erst 1918 eröffneten Frauenklinik. Der 8,4 Meter lange Wagen bot je 24 Sitz- und Stehplätze; sein Motor leistete 33 kW.

Vom Kaßberg kommend nähert sich ein NOB-Omnibus der MAN um 1930 dem Falkeplatz. Rechts am Bildrand sind das Sparkassengebäude und dahinter das Falkehaus sichtbar.

Vor dem Modekaufhaus Schellenberger biegt ein MAN-Omnibus vom Johannisplatz in die Königstraße ein. Sein Ziel ist der Hauptbahnhof (Foto 1929).

Einer der beiden Büssing VI Gln in „großer Ausführung" fährt 1933 auf der Reichsstraße vor dem 1906 eröffneten Empfangsgebäude des Eisenbahn-Haltepunktes Nikolaivorstadt vorüber. Der 1929 gebaute Bus misst 10,7 Meter Länge, bietet 35 Sitz- bzw. 18 Stehplätze und verfügt über 81 kW Motorleistung.

Im Januar 1937 wurde in der Theaterstraße am Kaffee Kunze eine Umsteigehaltestelle für die beiden Durchmesserlinien B und Z eingerichtet. Mit Ausbruch des Zweiten Weltkrieges entfiel diese Möglichkeit wieder. Das Bild von 1938 zeigt Fahrzeuge der Fabrikate MAN und Büssing.

Vor der geschwungenen Frontseite der Deutschen Bank, erbaut 1923 bis 1925 unter dem Architekten Erich Basarke, überquert um 1929 ein MAN-Bus den Falkeplatz und biegt in die Poststraße ein.

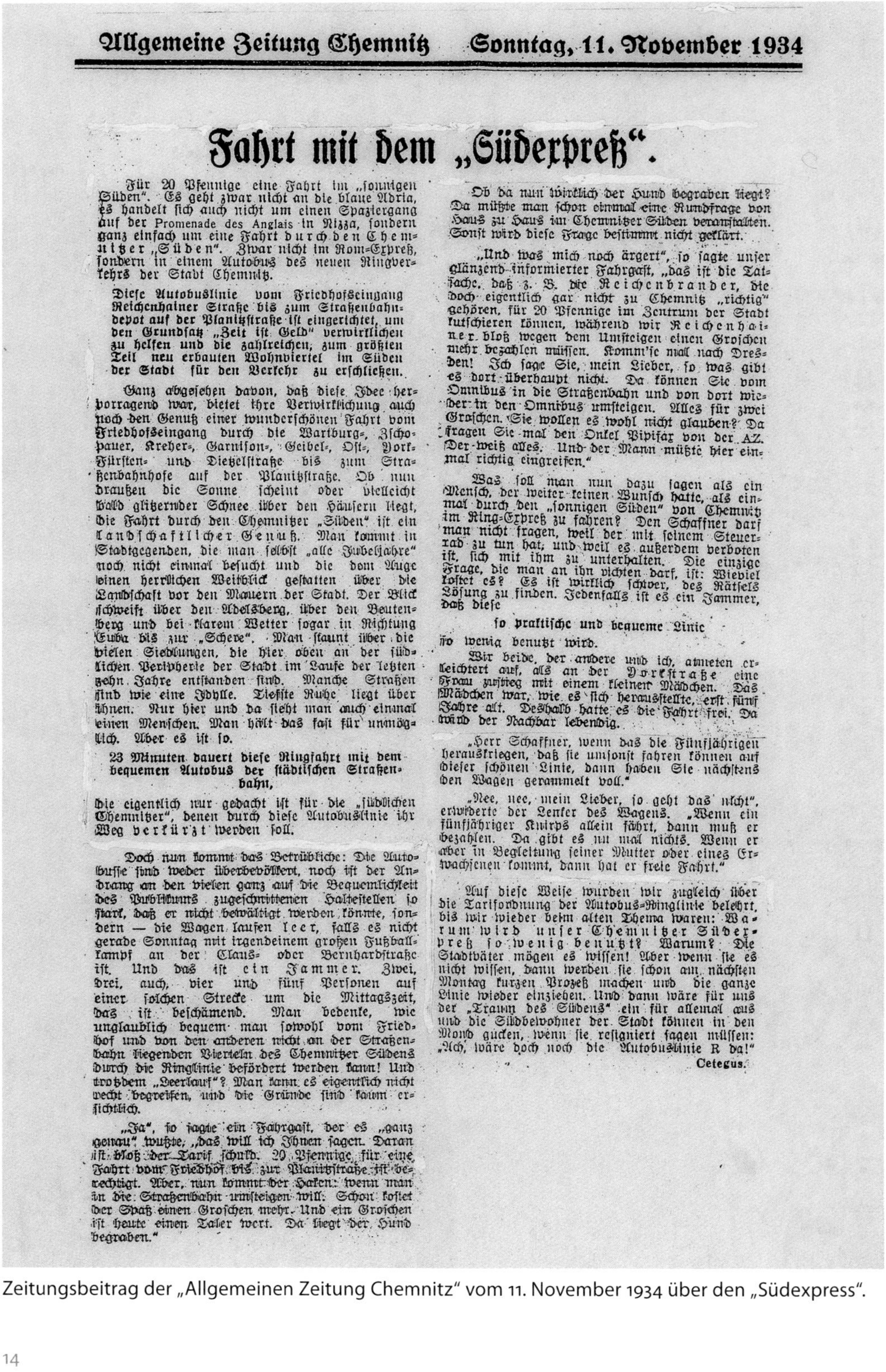

Allgemeine Zeitung Chemnitz Sonntag, 11. November 1934

Fahrt mit dem „Südexpreß".

Für 20 Pfennige eine Fahrt im „sonnigen Süden". Es geht zwar nicht an die blaue Adria, es handelt sich auch nicht um einen Spaziergang auf der Promenade des Anglais in Nizza, sondern ganz einfach um eine Fahrt durch den Chemnitzer „Süden". Zwar nicht im Rom-Expreß, sondern in einem Autobus des neuen Ringverkehrs der Stadt Chemnitz.

Diese Autobuslinie vom Friedhofseingang Reichenhainer Straße bis zum Straßenbahndepot auf der Planitzstraße ist eingerichtet, um den Grundsatz „Zeit ist Geld" verwirklichen zu helfen und die zahlreichen, zum größten Teil neu erbauten Wohnviertel im Süden der Stadt für den Verkehr zu erschließen.

Ganz abgesehen davon, daß diese Idee hervorragend war, bietet ihre Verwirklichung auch noch den Genuß einer wunderschönen Fahrt vom Friedhofseingang durch die Wartburg-, Zschopauer, Kreher-, Garnison-, Geibel-, Ost-, York-, Fürsten- und Dietzelstraße bis zum Straßenbahnhofe auf der Planitzstraße. Ob nun draußen die Sonne scheint oder vielleicht bald glitzernder Schnee über den Häusern liegt, die Fahrt durch den Chemnitzer „Süden" ist ein landschaftlicher Genuß. Man kommt in Stadtgegenden, die man selbst „alle Jubeljahre" noch nicht einmal besucht und die dem Auge einen herrlichen Weitblick gestatten über die Landschaft vor den Mauern der Stadt. Der Blick schweift über den Adelsberg, über den Beutenberg und bei klarem Wetter sogar in Richtung Euba bis zur „Schere". Man staunt über die vielen Siedlungen, die hier oben an der südlichen Peripherie der Stadt im Laufe der letzten zehn Jahre entstanden sind. Manche Straßen sind wie eine Idylle. Tiefste Ruhe liegt über ihnen. Nur hier und da sieht man auch einmal einen Menschen. Man hält das fast für unmöglich. Aber es ist so.

23 Minuten dauert diese Ringfahrt mit dem bequemen Autobus der städtischen Straßenbahn,

die eigentlich nur gedacht ist für die „südlichen Chemnitzer", denen durch diese Autobuslinie ihr Weg verkürzt werden soll.

Doch nun kommt das Betrübliche: Die Autobusse sind weder überbevölkert, noch ist der Andrang an den vielen ganz auf die Bequemlichkeit des Publikums zugeschnittenen Haltestellen so stark, daß er nicht bewältigt werden könnte, sondern — die Wagen laufen leer, falls es nicht gerade Sonntag mit irgendeinem großen Fußballkampf an der Claus- oder Bernhardstraße ist. Und das ist ein Jammer. Zwei, drei, auch vier und fünf Personen auf einer solchen Strecke um die Mittagszeit, das ist beschämend. Man bedenke, wie unglaublich bequem man sowohl vom Friedhof und von den anderen nicht an der Straßenbahn liegenden Vierteln des Chemnitzer Südens durch die Ringlinie befördert werden kann! Und trotzdem „Leerlauf"? Man kann es eigentlich nicht recht begreifen, und die Gründe sind kaum ersichtlich.

„Ja", so sagte ein Fahrgast, der es „ganz genau" wußte, „das will ich Ihnen sagen. Daran ist bloß der Tarif schuld. 20 Pfennige für eine Fahrt vom Friedhof bis zur Planitzstraße ist berechtigt. Aber, nun kommt der Haken: wenn man in die Straßenbahn umsteigen will. Schon kostet der Spaß einen Groschen mehr. Und ein Groschen ist heute einen Taler wert. Da liegt der Hund begraben."

Ob da nun wirklich der Hund begraben liegt? Da müßte man schon einmal eine Rundfrage von Haus zu Haus im Chemnitzer Süden veranstalten. Sonst wird diese Frage bestimmt nicht geklärt.

„Und was mich noch ärgert", so sagte unser glänzend informierter Fahrgast, „das ist die Tatsache, daß z. B. die Reichenbrander, die doch eigentlich gar nicht zu Chemnitz „richtig" gehören, für 20 Pfennige im Zentrum der Stadt kutschieren können, während wir Reichenhainer bloß wegen dem Umsteigen einen Groschen mehr bezahlen müssen. Komm'se mal nach Dresden! Ich sage Sie, mein Lieber, so was gibt es dort überhaupt nicht. Da können Sie vom Omnibus in die Straßenbahn und von dort wieder in den Omnibus umsteigen. Alles für zwei Groschen. Sie wollen es wohl nicht glauben? Da fragen Sie mal den Onkel Pipifax von der AZ. Der weiß alles. Und der Mann müßte hier einmal richtig eingreifen."

Was soll man nun dazu sagen als ein Mensch, der weiter keinen Wunsch hatte, als einmal durch den „sonnigen Süden" von Chemnitz im Ring-Expreß zu fahren? Den Schaffner darf man nicht fragen, weil der mit seinem Steuerrad zu tun hat, und weil es außerdem verboten ist, sich mit ihm zu unterhalten. Die einzige Frage, die man an ihn richten darf, ist: Wieviel kostet es? Es ist wirklich schwer, des Rätsels Lösung zu finden. Jedenfalls ist es ein Jammer, daß diese

so praktische und bequeme Linie

so wenig benutzt wird.

Wir beide, der andere und ich, atmeten erleichtert auf, als an der Yorckstraße eine Frau zustieg mit einem kleinen Mädchen. Das Mädchen war, wie es sich herausstellte, erst fünf Jahre alt. Deshalb hatte es die Fahrt frei. Da wird der Nachbar lebendig.

„Herr Schaffner, wenn das die Fünfjährigen herauskriegen, daß sie umsonst fahren können auf dieser schönen Linie, dann haben Sie nächstens den Wagen gerammelt voll."

„Nee, nee, mein Lieber, so geht das nicht", erwiderte der Lenker des Wagens. „Wenn ein fünfjähriger Knirps allein fährt, dann muß er bezahlen. Da gibt es nu mal nichts. Wenn er aber in Begleitung seiner Mutter oder eines Erwachsenen kommt, dann hat er freie Fahrt."

Auf diese Weise wurden wir zugleich über die Tarifordnung der Autobus-Ringlinie belehrt, bis wir wieder beim alten Thema waren: Warum wird unser Chemnitzer Südexpreß so wenig benutzt? Warum? Die Stadtväter mögen es wissen! Aber wenn sie es nicht wissen, dann werden sie schon am nächsten Montag kurzen Prozeß machen und die ganze Linie wieder einziehen. Und dann wäre für uns der „Traum des Südens" ein für allemal aus und die Südbewohner der Stadt können in den Mond gucken, wenn sie resigniert sagen müssen: „Ach, wäre doch noch die Autobuslinie R da!"

Cetegus.

Zeitungsbeitrag der „Allgemeinen Zeitung Chemnitz" vom 11. November 1934 über den „Südexpress".

2

Die schweren Nachkriegsjahre

Auch in den ersten Nachkriegsmonaten war der Straßenbahn-Ersatzverkehr nach Bernsdorf die einzige Verkehrsaufgabe für die wenigen intakten Busse, bis Kraftstoff- und Reifenmangel ein vorläufiges Ende setzten.

An Linienverkehr war zunächst nicht zu denken. Stattdessen bestand das „Fahrprogramm" allein aus angeordneten Fahrten für Behörden, Angehörige der Besatzungsmacht und für den Wismut-Bergbau im Erzgebirge.

Erst am 1. März 1950 startete der Stadtbusverkehr erneut, als die Bewohner zentrumsferner Gebiete (vorerst an der Flemming-, später auch an der Zschopauer Straße und in Reichenhain) auf kurzen Zubringerverbindungen und vornehmlich im Berufsverkehr wieder einen bescheidenen Verkehrsanschluss erhielten. Im selben Jahr wuchsen unvermittelt die Größe des städtischen Territoriums und die Wohnbevölkerung infolge der Eingemeindungen von Siegmar-Schönau, Rabenstein, Glösa, Adelsberg, Erfenschlag und Harthau deutlich an. Die neuen Stadtteile begehrten den alsbaldigen Anschluss an das städtische Verkehrsnetz, wozu gebrauchte Fahrzeuge unterschiedlicher Fabrikate erworben und notdürftig fahrbereit gehalten wurden.

Im Jahr 1957 präsentierte sich wieder ein Netz aus zwölf Linien, vorerst ausschließlich als Zubringer aus den Randgebieten zur Straßenbahn, von 54 km Länge:

A	Landesanstalt–Flemmingstraße–Ammonstraße–Erzbergerstraße–Horst-Menzel-Straße–West-/Ulmenstraße (2,8 km)
B/C	Reichenhain, Gemeindewiese–Jägerschlösschenstraße–Reichenhainer Straße–Wartburgstraße–Zschopauer Straße–Adelsberg, Kleiner Weg (3,1 + 3,6 km) mit einigen Gelegenheitsfahrten zur Siedlung „Erholung" in Adelsberg
D	Markersdorf, Südrandsiedlung–Markersdorfer Straße–Kirche Altchemnitz (3,7 km); dazu einige Gelegenheitsfahrten über Helbersdorf zum Fritz-Heckert-Platz (heute wieder Falkeplatz)
E	Heinersdorf, Am Bahrebach–Heinersdorfer Straße–Bornaer Straße–Wittgensdorfer Straße–Küchwaldring (4,0 km)
F	Glösa, Heilstätte–Slevogtstraße–Schmidt-Rottluff-Straße–An den Weiden–Gürtelstraße–Am Berg–Dorfstraße–Chemnitztalstraße–Furth-Glösa, Straßenbahnendstelle (4,7 km) mit einigen Gelegenheitsfahrten zur Krankenkasse an der Müllerstraße
G	Adelsberg, Kleinolbersdorfer Straße–Adelsbergstraße–Gablenz, Straßenbahnendstelle (3,8 km)
H/J	Klaffenbach, Rathaus–Klaffenbacher Hauptstraße–Harthau, Klaffenbacher Straße–Annaberger Straße–Altchemnitz, Straßenbahnendstelle–Erfenschlager Straße–Einsiedel, Funkstraße (5,1 + 4,4 km)
K/L	Bahnhof Siegmar–Oberfrohnaer Straße–Rabenstein, Kino–Georgenkirchweg–Limbacher Straße–Rottluff, Straßenbahnendstelle (1,9 + 3,6 km)
M	Ebersdorf, Straßenbahnendstelle–Frankenberger Straße–Mittweidaer Straße–Goldweg (3,1 km, nur im Berufsverkehr betrieben)

Erste bescheidene Zugänge an fabrikneuen Omnibussen aus einheimischer Produktion (IFA), doch auch als Importe aus der ČSSR (Škoda) und Ungarn (Ikarus) halfen seit 1954, die prekäre Lage etwas zu lindern und einige Vorkriegsmodelle auszusondern.

Als erste nach dem Krieg nahm die Linie A am 1. März 1950 den Fahrbetrieb zwischen Limbacher/Erzbergerstraße und Flemmingstraße wieder auf. Der dezimierte Fuhrpark ist mittlerweile „in die Jahre" gekommen und damit reparaturanfälliger geworden. Auf dem Bild passiert ein MAN-Omnibus die Einrichtungen für Sehbehinderte.

Ab dem 1. Juni 1951 gab es zur Entlastung der Straßenbahn in das Industriegebiet Siegmar die Omnibus-Schnelllinie F Hauptbahnhof–Bahnhof Siegmar, deren Betrieb bereits nach sieben Monaten wegen völliger Unrentabilität wieder endete. Hier hält ein Mercedes-Benz O 4000 von 1937 vor der Einmündung Lange Straße/Poststraße.

Eines der drei größten Vorkriegsfahrzeuge, ein Büssing-NAG 900 N von 1937/38, fährt die Erich-Weinert-Straße (heute Georgistraße) auf dem Linienpaar B/C zwischen Reichenhain, der Wartburgstraße (als Umsteigestelle zur Straßenbahn) und Adelsberg entlang. Der 12,44 Meter lange Bus bot bei 107 kW Motorleistung je 34 Sitz- und Stehplätze.

Die Bedienung der 1950 eingemeindeten Vororte war nur mit Gebrauchtfahrzeugen möglich. Das Foto von 1953 zeigt einen Mercedes-Benz O 2600 von 1944 mit 30 Sitzplätzen und bescheidenen 44 kW Leistung an der Erfenschlager Straße. Er befuhr die Zubringer H/J Harthau–Altchemnitz, Straßenbahnendstelle–Erfenschlag.

Natürlich fand sich bei den Gebrauchtwagen auch manch eleganter Hingucker wie dieser Büssing 375T-Trambus aus dem Jahr 1936. Das neun Meter lange Fahrzeug verfügte über 33 Sitzplätze und 66 kW Motorleistung. Es erhielt im Jahr 1956 sogar eine neue Karosserie.

Erst im Jahr 1954 war es möglich geworden, in bescheidenem Umfang Neufahrzeuge zu erwerben. Das Bild zeigt einen Škoda-Stadtlinienbus an der Endstelle Glösa, Heilstätte um 1960.

3

Neue Verkehrsaufgaben bringen dem Stadtbusbetrieb einen bemerkenswerten Aufschwung

Ein neues Betätigungsfeld ergab sich mit dem Schienenersatzverkehr (Kurzbezeichnung: SEV) infolge des umfangreichen Umspurungsprogrammes der Straßenbahn ab Januar 1959, verlangte doch die schrittweise Stilllegung der stark frequentierten Schmalspur-Straßenbahnlinie 5 nach Altchemnitz den Einsatz von Omnibussen mit einer Fahrtendichte während des Berufsverkehrs im Sichtabstand. Dennoch waren die Beförderungsbedingungen für den Fahrgast katastrophal. Zur Bewältigung dieser enormen Verkehrsaufgabe wurden zunächst zwölf Großraumfahrzeuge vom Typ Ikarus 66 sowie zehn kleinere Busse Ikarus 31 beschafft und der Bestand in der Folgezeit ständig erweitert.

Nach der Inbetriebnahme der ersten regelspurigen Straßenbahnstrecke Ende 1961 konnte man daran denken, einen Teil der Busse für die dringend notwendige Bedienung des Lutherviertels freizusetzen. Dort schloss sich ja in den Jahren ab 1967 das „Hans-Beimler"-Wohnungs-Neubaugebiet an der heutigen Geibelstraße für ca. 15.600 Einwohner an. Die am 4. Mai 1962 eröffnete Linie N Poststraße–Carl-von-Ossietzky-Straße entwickelte sich alsbald zu einer Schwerpunktverbindung.

Das an der Flemmingstraße in den Jahren 1963 bis 1966 für rund 10.000 Bürger entstandene Wohngebiet gebot, die bisherige Zubringerlinie A endlich schrittweise in Richtung Innenstadt auszudehnen, um den unattraktiven, zeitaufwändigen Umstieg von und zur Straßenbahn zu beenden.

Der völlige Neuaufbau des Stadtzentrums ab Anfang der 1960er-Jahre zog zum einen die Umverlegung von Straßenbahnstrecken und zum anderen die vorläufige Auflassung der Schienenbahnverbindung zwischen der Poststraße und dem Hauptbahnhof bei längerfristigem Ersatz durch Omnibusse ab 1. August 1963 nach sich. Erst die Inbetriebnahme der regelspurigen Straßenbahn zum Hauptbahnhof am 29. Dezember 1967 beendete diesen Ersatzverkehr.

Staats- und Parteiführung verlangten in ihren Programmen ab Beginn der 1970er-Jahre verbesserte Lebensbedingungen für die Berufstätigen, wozu auch verkürzte Wegezeiten zwischen den Wohn- und Arbeitsstätten gehörten. Das hatte speziell für den Nahverkehr in Karl-Marx-Stadt (jenen verordneten Namen trug die Stadt von 1953 bis 1990) als wieder erstarktes Zentrum von Maschinen- und Fahrzeugbau, Elektrotechnik/Elektronik, Feinmechanik sowie der Textilproduktion zur Folge, tangentiale Direktverbindungen einzurichten, bisherige Zubringerlinien aus den Randgebieten zur Innenstadt zu führen sowie vermehrt mit Buslinien die Haltepunkte der Eisenbahn zu bedienen.

Konkret nahm am 2. November 1970 eine Linie P zwischen dem Altchemnitzer Industrieschwerpunkt und dem „Hans-Beimler-Wohngebiet" den Betrieb an Arbeitstagen auf und wurde in den Folgejahren in die Neubaugebiete an der Yorckstraße (1972) sowie an der Stollberger Straße (1978) verlängert. Überdies erreichten die Linien B aus Reichenhain und C aus Adelsberg Anfang November 1971 die City. Die B-Linie schloss dabei die bisherige Studentenlinie O zwischen den Lehreinrichtungen an der Reichenhainer Straße und am Hauptbahnhof mit ein. Die Stadtrandlinien E und F verschmolzen am 1. November zur Nordtangente T zwischen Borna und Ebersdorf über Glösa.

Nachdem in den Jahren 1970 bis 1974 das Neubaugebiet an der Yorckstraße für etwa 14.000 Einwohner emporgewachsen war, mutierte die seit Februar 1975 dorthin geführte Linie A zu einer weiteren Haupterschließungsachse des Personennahverkehrs. Außer der bereits genannten Tangentiallinie P bestand seit Januar 1977 eine weitere Verbindung Z von der Friedrich-Engels-Straße (heute Fürstenstraße) über Furth nach Draisdorf während des Berufsverkehrs.

Fast zeitgleich stand der Stadt und dem Nahverkehrsbetrieb die bisher wohl anspruchsvollste Verkehrsaufgabe ins Haus. Auslöser war die Umsetzung des größten Wohnungsbauvorhabens im Bezirk Karl-Marx-Stadt: Auf einer bisher noch unerschlossenen und vorwiegend landwirtschaftlich genutzten Fläche von 4,2 km² Größe südwestlich des Stadtkernes entstanden im Zeitraum von 1972 bis 1990 in sieben Bauabschnitten zwischen den Stadtteilen Kappel, Helbersdorf und Markersdorf 31.330 Wohnungen für rund 97.300 Einwohner, wobei die Angaben in den Literaturquellen differieren. Hinzu kam die notwendige Infrastruktur für Bildung, Handel und Sozialwesen sowie die Verkehrserschließung durch Straßen und öffentliche Nahverkehrsmittel. Die gewaltige Neubausiedlung in Großplattenbauweise erhielt die Bezeichnung „Fritz-Heckert-Gebiet".

Dabei stand fest, dass die Verkehrsbedienung auf Grund der topografischen Bedingungen nicht von einer S-Bahn der Deutschen Reichsbahn, sondern einzig von Straßenbahn und Omnibus wahrgenommen werden konnte. Dieser enormen Herausforderung musste in den ersten Jahren bis zur Verfügbarkeit der geplanten Schienenbahnstrecken allein der Bus genügen! Dieses Verkehrsmittel war und ist sofort verfügbar und entsprach in seiner Anpassungsfähigkeit den sich ständig verändernden örtlichen und zeitlichen Gegebenheiten am besten.

Die erste Omnibusverbindung in das entstehende Heckertgebiet nahm am 6. Dezember 1972 den Betrieb zwischen der Zentralhaltestelle und dem ehemaligen Flughafen an der Stollberger Straße als Linie S auf. Sie wurde nach der Fertigstellung der Blankenburgstraße ab 15. Oktober 1973 als Durchmesserlinie weiter in das Industriegebiet Nord und nach Heinersdorf geführt. Dazu kam ab dem 9. Dezember 1974 eine Verstärkungslinie U ab Hauptbahnhof; sie änderte ihren Fahrtverlauf entsprechend dem Baufortschritt beidseitig der Stollberger Straße in den Stadtteilen Kappel und Helbersdorf. Sie galt schließlich mit ihrem 2-Minuten-Takt (!) während des Berufsverkehrs als am dichtesten befahrene Linie im Netz. Der gleichzeitige Bau der geplanten Straßenbahntrasse entlang der Stollberger Straße verbot sich infolge von Bauintensität und Bautransporten in diesem Stadtgebiet vorerst von selbst.

Seit dem 5. Januar 1977 gab es eine zweite schwergewichtige Omnibusverbindung W mit dem Fahrtweg Zentralhaltestelle–Südbahnhof–Industriegebiet Unteraltchemnitz–Helbersdorf (seit November 1977 weiter bis Markersdorfer Straße). Sie erschloss ab 1. Juni 1981 in dichter Wagenfolge das Neubaugebiet Markersdorf Süd an der Wolgograder Allee, nachdem die Straßenbahn im Oktober 1979 den Bus im Wohngebiet Markersdorf Nord abgelöst hatte.

Die Verkehrsströme aus der Fritz-Heckert-Großwohnsiedlung orientierten sich zu 50 % in Richtung Stadtzentrum und Industriegebiet Nord sowie etwa zu gleichen Restanteilen auf die Industriegebiete Siegmar-Schönau und Altchemnitz. Diesen Vorgaben hatten sich die Verkehrslinien anzupassen, indem neue Verbindungen eingerichtet wurden oder die bestehenden Linien K und P von Siegmar und Altchemnitz aus ihre Fahrtwege zu den Aufkommensschwerpunkten ausdehnten. Hinzu kamen noch Einsatzlinien während des Berufsverkehrs mit häufiger, dem Bedarf angepasster Änderung ihrer Taktfolge und Fahrtrouten, was eben die Flexibilität des Verkehrsmittels Omnibus unterstreicht. Bis zu zehn Linien befanden sich allein im Heckertgebiet im Einsatz. Dabei wandelte sich die traditionelle D-Linie als älteste in diesem Gebiet allmählich zum sogenannten „Quartierbus“, d. h. der internen Verbindung der weit voneinander entfernten Teil-Wohngebiete. Die an der Peripherie liegenden Teile der Plattenbausiedlung erhielten am 22. Oktober 1984 eine Buserschließung durch die tangential verlaufende Linie 48 zwischen der Wolgograder Allee und dem Bahnhof Siegmar über Stelzendorf mit zeitweiser Führung über Neukirchen.

Ab 13. Dezember 1968 stand erneut SEV an; diesmal auf dem Abschnitt zwischen Stadtzentrum und Bernsdorf. Infolge Fortsetzung der Umspurung beendete die Schmalspurbahn (Linie 3/4) hier ihren Dienst. Zum gleichen Zeitpunkt war für den SEV der Wendeplatz an der Moritzstraße fertiggestellt, der das bisherige Provisorium von 1960 ersetzte. Nach Linien getrennte wettergeschützte Abfahrtssteige, gemeinsame Ankunftshaltestelle, Dienstgebäude und Zeitkartenverkaufsstelle waren wesentliche Ausstattungsmerkmale dieser Verkehrsanlage.

Erstmals gelangten jetzt dreiachsige Gelenkomnibusse vom Typ Ikarus K-180 zum Einsatz, deren Fassungsvermögen von maximal 180 Personen die Kapazität der bisherigen 28 Großraumfahrzeuge Ikarus 66/S mit jeweils bis 93 Personen wesentlich übertraf. Es verwundert daher nicht, dass die neue Fahrzeuggeneration den Denkanstoß gab, schwächer belegte und „in die Jahre gekommene“ Strecken der schmalspurigen Straßenbahn künftig kostengünstiger mit Gelenkbussen zu bedienen. Daher orientierte sich das Beschaffungsprogramm für Omnibusse in der Hauptsache auf diese im Volksmund so bezeichneten „Schlenkis“, deren Bestand bis 1973 auf 83 Stück Ikarus K-180 anwuchs und durch die 1974 bis 1990 beschafften 245 (!) Wagen des Nachfolgetyps Ikarus 280 ersetzt und erweitert worden ist. Die 28 zweiachsigen Busse vom Typ Ikarus 260.02 hatten hingegen ihre Domäne in den dünner besiedelten Stadtrandgebieten oder dienten der Fahrschule.

Im krassen Gegensatz zu der umfangreichen Bestandserweiterung des Fuhrparkes standen die Bedingungen für Abstellflächen und Werkstätten, die für die Durchführung des Omnibusverkehrs ebenso „lebensnotwendig“ sind wie bei der Straßenbahn.

Nach Freizug der Wagenhalle des alten Altchemnitzer Straßenbahn-Betriebshofes an der Uhlestraße war es möglich, diese 1961 bis 1963 in eine Omnibuswerkstatt mit aufgeständerten Arbeitsbühnen für Reparaturen umzubauen. Damit entschärfte sich die räumliche Beengung in der bis dahin einzigen Werkstatt im Betriebsteil Kappel. Zwar stellte die Stadtverwaltung im Jahr

1971 einen öffentlichen Parkplatz an der Eissporthalle im Küchwald mietweise zur Abstellung von 80 Fahrzeugen zur Verfügung, doch ging damit die Maßgabe einher, dass dieser bei Sportveranstaltungen kurzfristig (!) von Bussen zu beräumen war. Diese unhaltbare Situation wurde 1975 und 1977 insofern etwas gemildert, als am Volksfestplatz an der heutigen Hartmannstraße bzw. in der Fabrikstraße Abstellkapazitäten samt Einsatzleitung und mobilen Tankstellen für 97 Busse eingerichtet werden konnten. Diese Provisorien währten bis 1980 bzw. 1994.

Der schnellere Verschleiß von Betriebsanlagen und Fahrzeugen der Schmalspurbahn, noch bevor neu gebaute Regelspurstrecken zur Verfügung standen, bereiteten den Entscheidungsträgern der Stadt und des Nahverkehrsbetriebes ernsthafte Sorgen. Das führte schließlich zu dem weitreichenden Entschluss, die betagte Straßenbahn schrittweise stillzulegen und längerfristig oder gar ständig auf Busbetrieb umzustellen.

Den Anfang machte die am 21. Februar 1972 eröffnete Omnibuslinie R zwischen Furth-Glösa und der Zeisigwaldstraße als Ersatz für die gleichzeitig stillgelegte Tramlinie 7. Die für die Schmalspurbahn einschneidendere Veränderung vollzog sich danach am 20. Dezember 1975, als die in Betrieb genommene Linie E zwischen Borna und Ebersdorf (zusammen mit der Einsatzlinie F vom Stadtzentrum nach Hilbersdorf) gleich zwei Straßenbahnstrecken der bisherigen Linie 4 und eines Teils der Linie 8 entbehrlich machte. Bereits einen Monat zuvor hatte die Verlängerung der Buslinie B vom Hauptbahnhof zur Dresdner Straße ab dem 17. November 1975 den Wegfall der Straßenbahn 9 nach Hilbersdorf nach sich gezogen.

Der weitere Verkehrsträgerwechsel vollzog sich wie folgt:

Zentralhaltestelle–Gablenz (Linie 1) ab 19. April 1976 auf SEV bis zur Inbetriebnahme der Regelspur-Stadtbahntrasse nach Gablenz am Jahresende 1976 bzw. 1977
Siegmar–Kappel (Linie 1 bzw. Teil der Linie 3) am 17. Mai 1980 auf SEV
Schönau–Zentralhaltestelle (Linie 1 bzw. 3) am 9. Mai 1981; Ersatz durch die neue Buslinie 24 (Zentralhaltestelle–Siegmar) mit Einsatzlinie 25 (Zentralhaltestelle–Schönau)
Zentralhaltestelle–Weststraße (Linie 8) am 15. Oktober 1983 durch Buslinie 26
Zentralhaltestelle–Rottluff (Linie 3) am 6. November 1988 auf SEV

Damit war die Umstellung der schmalspurigen Straßenbahn abgeschlossen. Zwei der neuen Omnibuslinien formierten sich am 31. Juli 1989 zu den veränderten Verbindungen:

23	Rottluff–Zentralhaltestelle–Zeisigwaldstraße
26	Weststraße–Zentralhaltestelle–Glösa

Zur Reduzierung der Betriebsleistungen kam es erst im August 1988, als infolge der Inbetriebnahme der modernen Straßenbahn nach Schönau die bisherigen Omnibus-Halbmesserlinien 24 und 39 in Zubringerlinien von Reichenbrand bzw. Stelzendorf zur Popowstraße in Schönau umfunktioniert wurden.

Wichtige und notwendige Voraussetzung vor der Einrichtung von Omnibuslinien war und ist der Bau von Wendeanlagen, soweit nicht Straßengevierte nutzbar sind. Je nach den geometrischen Gegebenheiten erhielten die Wendeschleifen getrennte Ankunft- und Abfahrhaltestellen mit erhöhten Gehsteigen, ggf. eine Standspur sowie ein Endstellengebäude mit Fahrgastunterstand, Sozialräumen und Fahrkartenverkauf.

Die vorangegangenen Ausführungen haben erstens gezeigt, dass sich das 1928 eingeführte Alphabet zur Unterscheidung der Omnibuslinien erschöpft hatte. Daher wurde am 1. November 1978 auf Zahlen, beginnend mit 21, umgestellt. Zweitens ist zu erkennen, dass sich das Verkehrsmittel Omnibus aus seinem einstigen Schattendasein seit den 1960er-Jahren zu einem leistungsfähigen, vermaschten Verkehrssystem entwickelt hat, das der Straßenbahn in puncto Linienlänge und Anzahl beförderter Fahrgäste pro Jahr bereits seit 1978 den Rang ablief.

Wenn auch der Berufs- und Schülerverkehr die vordringliche Aufgabe des öffentlichen Personennahverkehrs war, so kamen dennoch auch einige Sonderverkehre nicht zu kurz. Dazu gehörten als Sonderlinien betriebene Zubringer- und Abholfahrten zu Varietéveranstaltungen im Kulturpalast Rabenstein (1962–1967), zu Sportveranstaltungen im Ernst-Thälmann-Stadion (Sportforum), zum Flughafen der Interflug an der Stollberger Straße (1958–1962), zum Bergarbeiterkrankenhaus in Rabenstein (1966–1970) und die Pendellinien zum alljährlichen Pressefest im Küchwald. Der 1966 wirksam gewordene arbeitsfreie Sonnabend löste u. a. im Mai 1973 die Einrichtung einer fahrplanmäßigen Eillinie V zwischen der Zentralhaltestelle und dem Naherholungsgebiet Oberrabenstein aus, welche alljährlich im Sommerhalbjahr verkehrte.

Eine originelle Stadtrundfahrt wurde 1965 anlässlich des Stadtjubiläums angeboten: Die Barkas-Werke stifteten der Stadt für diesen Zweck den „Express 800“, ein halboffenes Gespann aus Motorwagen Barkas B 1000 und Nachläufer für insgesamt 34 Personen, welches auf einem 18 km langen Rundkurs das Zentrum und die seit 1950 entstandenen Neubaugebiete durchquerte; extra ausgebildete Schulkinder nahmen dabei die Stadtbilderklärung vor.

Der VEB Nahverkehr unterhielt keinen eigenen Reisedienst, stellte aber dem staatlichen Reisebüro sechs niveauvoll ausgestattete Fahrzeuge samt Personalen zur Verfügung.

Die Schrumpfung der schmalspurigen Straßenbahn zog u. a. auch die Stilllegung des bisher größten Betriebshofes an der Leninstraße (heute Heinrich-Schütz-Straße) am Jahresanfang 1976 nach sich und ermöglichte dessen sofortigen weiteren Umbau zu einer Werkstatt für Karosserieeinstandsetzungen und Lackierungen an Omnibussen, die Teileaufarbeitung und den Reifendienst. Die Werkstatt in Kappel wurde somit 1980 entbehrlich.

Der Neubau eines seit Langem geplanten komplexen Omnibus-Betriebshofes an der Werner-Seelenbinder-Straße begann 1978 mit der Regulierung des hängigen Geländes und der Anlage von drei höhenmäßig gestaffelten Abstellflächen für 180 Fahrzeuge samt Tankstelle, Waschanlage und Dienstgebäude bis 1980. Dadurch entfielen die bisherigen Stellplatzprovisorien am Eisstadion und Volksfestplatz. Die abnehmende Wirtschaftskraft in der DDR erlaubte allerdings den Bau einer Werkstatt an diesem Standort nicht mehr.

Linienübersicht 1980
(Linienlängen als Durchschnittswerte)

21 (bisher E)	Borna–Leipziger Straße–Helmut-Just-Straße–Zentralhaltestelle (ZH)–Hainstraße–Frankenberger Straße–Ebersdorf, Max-Saupe-Straße (10,6 km)
22 (bisher F)	Zentralhaltestelle–Dresdner Straße–Frankenberger Straße–Bahnhof Hilbersdorf (4,9 km)
23 (bisher R)	Zeisigwaldstraße–Leninstraße–Wilhelm-Külz-Platz–Straße der Nationen–Hauptbahnhof–Otto-Grotewohl-Straße–ZH–Wilhelm-Pieck-Straße–Mühlenstraße–Blankenauer Straße–Chemnitztalstraße–Bahnhof Glösa (10,9 km)
31 (bisher A)	Flemmingstraße–Ammonstraße–Rudolf-Harlaß-Straße–Zwickauer Straße–ZH–Platz des 8. Mai–Friedrich-Engels-Straße, Yorckgebiet (8,8 km)
32 (bisher B)	Reichenhain–Jägerschlösschenstraße–Reichenhainer Straße–ZH–Straße der Nationen–Emilienstraße–Margaretenstraße–Dresdner Straße (10,1 km)
33 (bisher C)	Zentralhaltestelle–Juri-Gagarin-Straße–Erich-Weinert-Straße–Adelsberg, Poliklinik (6,3 km)
34 (bisher D)	Zentralhaltestelle–Stollberger Straße–Karl-Winter-Straße–Helbersdorf–Südring–Markersdorfer Straße–Markersdorf, Südrandsiedlung (10,8 km)
35 (bisher G)	Gablenz, Straßenbahnendstelle–Carl-von-Ossietzky-Straße–Adelsbergstraße–Adelsberg, Am Schösserholz (4,8 km)
36 (bisher H)	Altchemnitz, Straßenbahnendstelle–Harthau, Annaberger Straße–Klaffenbacher Straße–Klaffenbach, Oberdorf (6,4 km)
37 (bisher J)	Altchemnitz, Straßenbahnendstelle–Erfenschlager Straße–Erfenschlag–Einsiedel, August-Bebel-Platz (5,9 km)
38 (bisher K)	Rottluff–Limbacher Straße–Rabenstein–Oberfrohnaer Straße–Bahnhof Siegmar–Jagdschänkenstraße–Neefestraße–Südring–Stollberger Straße–Karl-Winter-Straße–Helbersdorf (12,2 km)
39 (bisher L)	Zentralhaltestelle–Zwickauer Straße–Schönau–Stelzendorfer Straße–Stelzendorf–Neukirchner Straße–Südrandsiedlung–Stollberger Straße–Zentralhaltestelle (15,7 km) (im tageszeitlichen Wechsel der Fahrtrichtung)
40 (bisher M)	Bahnhof Hilbersdorf–Frankenberger Straße–Mittweidaer Straße–Ebersdorf, Brettmühle (4,3 km)
41 (bisher N)	Zentralhaltestelle–Julian-Marchlewski-Straße–Lutherstraße–Carl-von-Ossietzky-Straße–Wohngebiet „Hans Beimler" (4,2 km)
42 (bisher P1)	Paul-Gruner-/Uhlestraße–Werner-Seelenbinder-Straße–Hans-Rießner-Straße–Bernsdorf–Rosa-Luxemburg-Straße–Gablenz, Hans-Beimler-Straße–Carl-von-Ossietzky-Straße–Wartburgstraße–Werner-Seelenbinder-Straße–Altchemnitz, Paul-Gruner-/Uhlestraße (11,6 km)
43 (bisher P2)	Stollberger Straße/Südring–Karl-Winter-Straße–Altchemnitz–Werner-Seelenbinder-Straße–Hans-Rießner-Straße–Bernsdorf–Rosa-Luxemburg-Straße–Gablenz, Hans-Beimler-Straße–Gablenzplatz–Yorckstraße–Friedrich-Engels-Straße, Yorckgebiet (10,9 km)
44 (bisher S)	Friedrich-Hähnel-Straße–Stollberger Straße–ZH–Straße der Nationen–Müllerstraße–Blankenburgstraße–Heinersdorf, Am Bahrebach (11,0 km)
45 (bisher T)	Bahnhof Hilbersdorf–Frankenberger Straße–Ebersdorf, Max-Saupe-Straße–Glösa–Chemnitztalstraße–Bahnhof Glösa–Bornaer Straße–Wittgensdorfer Straße–Leipziger Straße–Borna (11,7 km) (mit Gelegenheitsfahrten zum Zöllnerplatz)
46 (bisher U)	Hauptbahnhof–ZH–Stollberger Straße/Südring (5,4 km)
47 (bisher V)	Zentralhaltestelle–Zwickauer Straße–Bahnhof Siegmar–Oberfrohnaer Straße–Naherholungszentrum Oberrabenstein (10,7 km)
49 (bisher W)	Zentralhaltestelle–Ernst-Thälmann-Straße–Südbahnhof–Altchemnitzer Straße–Helbersdorf–Südring–Markersdorfer Straße 79 (7,3 km)
50 (bisher Z)	Friedrich-Engels-Straße, Yorckgebiet–Leninstraße–Wilhelm-Külz-Platz–Straße der Nationen–Blankenauer Straße–Bahnhof Glösa–Chemnitztalstraße–Draisdorf (8,8 km)

51 (bisher EK)	Bahnhof Siegmar–Jagdschänkenstraße–Neefestraße–Südring–Stollberger Straße–Friedrich-Hähnel-Straße (6,5 km)
52 (bisher ET)	Bahnhof Glösa–Chemnitztalstraße–Glösa, Heilstätte (4,1 km)
53	Bahnhof Siegmar–Jagdschänkenstraße–Neefestraße–Südring–Stollberger Straße–Helbersdorf (6,6 km)
55 (bisher ES)	Friedrich-Hähnel-Straße–Stollberger Straße–ZH–Straße der Nationen–Müllerstraße–Blankenburgstraße–Stahlgusskombinat (9,8 km)

Nur im Berufsverkehr betrieben wurden die Linien 22, 40, 42, 43 und 50 bis 55.

Um- bzw. nach 1990 rückbenannte Straßen:

1980	**heute**	**1980**	**heute**
Erich-Weinert-Straße	Georgistraße	Ernst-Thälmann-Straße	Reitbahnstraße
Friedrich-Engels-Straße	Fürstenstraße	Fritz-Heckert-Platz	Falkeplatz
Hans-Beimler-Straße	Geibelstraße	Hans-Rießner-Straße	Augsburger Straße
Helmut-Just-Straße	Hartmannstraße	Julian-Marchlewski-Straße	Bernsdorfer Straße
Juri-Gagarin-Straße	Zschopauer Straße	Karl-Marx-Allee	Brückenstraße
Karl-Winter-Straße	Scheffelstraße	Leninstraße	Heinrich-Schütz-Straße
Otto-Grotewohl-Straße	Bahnhofstraße	Platz des 8. Mai	Dresdner Platz
Rudolf-Harlaß-Straße	Barbarossastraße	Wilhelm-Pieck-Straße	Theaterstraße

Blick vom Centrum-Warenhaus über die Längsbahnsteige der Zentralhaltestelle um 1985 zum Markt mit Altem Rathaus (noch ohne Turmhaube!) und Neuem Rathaus. Links die Poliklinik und davor die Verkehrsleitstelle im Turmbau.

Am Neumarkt beginnt die Straße der Nationen mit den 1967 bis 1969 entstandenen markanten Neubauten der Hauptpost und des Hauses der Industrieverwaltungen. Ein Bus biegt gerade in die Zentralhaltestelle ein.

Lebhaftes Treiben mit Umstieg zwischen den Omnibus- und Straßenbahnlinien herrscht an der Zentralhaltestelle insbesondere während der Berufsverkehrszeit. Der vorn sichtbare Treppenabgang führt zum Fußgängertunnel zwischen den Bahn- und Bussteigen; er existiert seit 1999 nicht mehr.

Der Wendeplatz zwischen Moritz- und Otto-Grotewohl-Straße (heute Bahnhofstraße) für alle an der ZH endenden/beginnenden Stadtbuslinien musste 1995 dem Bau von Hauptsparkasse und Bürgerverwaltungszentrum weichen. Wir schauen im Bild von 1979 auf Poliklinik, Hotel „Kongress" und das Forschungszentrum „Robotron".

Ein Gelenkbus der Linie 46 überquert auf dem Fritz-Heckert-Platz (heute wieder Falkeplatz) den Chemnitzfluss. Wir schauen 1988 aus der Höhe auf den Kaßberghang und das Punkthochhaus am Rosenhof.

Auf der Wilhelm-Pieck-Straße (heute wieder Theaterstraße) kommt ein Bus der Linie 21 entgegengefahren. Links unter den Bäumen führt die Straße An der Markthalle entlang.

Der „Express 800" war ein Unikat und wurde der Stadt im Jahr 1965 anlässlich ihres 800. Jubiläums von den Barkas-Werkern als Geschenk übergeben. Der offene Zugwagen mit fest gekuppeltem Nachläufer bot 34 Personen die Gelegenheit für eine Stadtrundfahrt.

Bis 1972 war die Linie D entlang der Stollberger Straße die einzige Verbindung, welche das 1960 bis 1962 entstandene Wohnungs-Neubaugebiet am Goetheplatz verkehrsseitig erschloss, hier mit einem Ikarus 66 zu sehen.

Die Linie W (später 49) verband als eine der wichtigsten Radiallinien seit 1977 die Zentralhaltestelle über Unteraltchemnitz mit dem Teilgebiet Helbersdorf des Fritz-Heckert-Wohngebietes. Das Foto von 1978 zeigt einen Kurs auf der Altchemnitzer Straße vor dem Empfangsgebäude des Südbahnhofs. ▼

Auf ihrem Weg nach Ebersdorf hält im Bild von 1979 die Linie 21 vor dem einstigen Lichtspieltheater „Europa" auf dem Sonnenberg.

Dieses 1990 entstandene Foto zeigt die Haltestelle Furth, Hochhaus mit dem 1925 vom Textilunternehmen Cammann erbauten klassizistischen Produktionsgebäude einer Gobelin- und Moquetteweberei. Im Februar 1972 hatte hier die Buslinie R die bisherige Straßenbahn 7 nach Furth ersetzt.

Die Linie 21 führt direkt an der Eissporthalle Leipziger Straße im Küchwald vorbei. Der Komplex für 4.700 Besucher wurde 1955 erbaut und die Kunsteisbahn erhielt 1965 eine freitragende 60-Meter-Überdachung aus Spannbeton. Der Besucherparkplatz diente zeitweise als Busabstellfläche.

Auf der Kreuzung von Limbacher und Leipziger Straße biegt 1978 ein Omnibus der Linie 21 vor dem Produktionsgebäude der „Ersten Maschinenfabrik" in die Leipziger Straße ein und erklimmt anschließend den Schloßberg, den bis 1975 die Tramlinie 4 befuhr.

Die Linie 45 unterquert auf der Bornaer Straße die Eisenbahnstrecke nach Leipzig (Foto 1988).

Vorbeifahrt eines Kurses der umgeleiteten Linie 23 an der einstigen Kattundruckerei Müllerstraße, genannt „Vogelbauer" (1989).

Am Straßenknoten Müller-/Mühlenstraße biegt 1989 ein Kurs der Linie 26, von Furth kommend, in letztgenannte Straße ein. Im Bildhintergrund zeigt sich der Baumbestand des Zöllnerplatzes.

Seit den 1960er-Jahren hat sich das Industriegebiet Nord intensiv entwickelt. Im Foto von 1979 fährt ein Bus der Linie 44 nach Heinersdorf am damaligen Heizkraftwerk Nord vorüber. Eine Linie 55 verdichtete während des Berufsverkehrs die Wagenfolge zum Stahlgusskombinat.

1979: Ein Wagen der Linie 45 hat soeben am Bahnhof Glösa die Gleise der Chemnitztalbahn überquert. Im Bildhintergrund erhebt sich auf dem „Eierberg" die St.-Jodokus-Kirche.

Die Durchfahrten der Glösaer Siedlungen sind stellenweise sehr schmal. Wie auf diesem 1988 entstandenen Foto begegneten sich dort am Genossenschaftsplatz zeitweise die Kurse der Linie 45.

Die Buslinie 40 erschloss Ebersdorf entlang der Mittweidaer Straße. Auf dem Bild von 1985 fährt ein Ikarus/IFA 211-Midibus an der geschichtsträchtigen Stiftskirche vorüber.

Auf der Steigungsstrecke der Frankenberger Straße zwischen dem Hohlweg und der Trinitatiskirche in Hilbersdorf müht sich ein Omnibus der Linie 21 bergauf. Das Waldstück „Schneller Markt" markiert den Horizont des Fotos von 1979.

Am sogenannten „Helmholtzberg" müssen die Busse in Richtung Ebersdorf zwischen Flora- und Helmholtzstraße bis 6,7 Prozent Steigung bewältigen. Schon die frühere Straßenbahn hatte hier ihre Probleme ... (Foto 1978)

Von 1903 bis 1918 fuhr die Straßenbahn auch durch die Margaretenstraße in Hilbersdorf. Seit November 1975 besorgt hier die Buslinie B (später 32) diesen Dienst.

Ein eher ungeliebtes Denkmal bekamen die Chemnitzer 1975 „verordnet", als an der Kreuzung von Dresdner und Frankenberger Straße der erste sowjetische Panzer, der am 8. Mai 1945 die Stadt erreicht haben soll, museal aufgestellt wurde. Davor rollt eine „21" bergauf.

Zwischen den Reihenhauszeilen der „Gründerjahre" fährt 1979 ein Bus der Linie 23 die Palmstraße in Richtung Zeisigwaldstraße entlang.

Von 1970 bis 1974 entstand das Neubaugebiet Yorckstraße für annähernd 14.200 Einwohner. Die Haupterschließungsfunktion mit öffentlichen Verkehrsmitteln oblag hier seit Februar 1975 der Buslinie A (später 31) auf der verlängerten Friedrich-Engels-Straße (heute wieder Fürstenstraße); das Foto entstand um 1979.

Auf diesem Bild von 1980 beginnt ein Wagen am Gablenzplatz vor der Andreaskirche seine Tour als SEV.

Die Linie 43 biegt im Foto von 1979 vom Sachsenring in die Kreherstraße ein. Die Diesterwegschule mit ihrem markanten Aussehen entstand 1930 als prägnantes Zeugnis „Neuen Bauens" für die im Umfeld entstandenen Gablenzer Wohnsiedlungen. ▼

1966 bis 1970 sowie 1974 entstand im Ostteil der Stadt das „Hans-Beimler-Gebiet" für rund 15.600 Einwohner. Zur Anbindung verkehrte die Linie 41 in sehr dichter Wagenfolge entlang der Carl-von-Ossietzky-Straße. Hier ist ein Wagen 1989 an der Haltestelle Versorgungszentrum an der Hans-Ziegler-Straße zu sehen.

Auf der Juri-Gagarin-Straße (heute wieder Zschopauer Straße) fährt uns auf dem Foto von 1979 ein Bus der Linie 33 aus Adelsberg entgegen. Hinter den 1950 bis 1970 für 9.000 Bewohner geschaffenen Neubauten des Lutherviertels ragt die Turmspitze der Lutherkirche hervor.

Im Jahr 1979 passiert eine „32" die Institutsgebäude der Technischen Hochschule auf der Reichenhainer Straße. Die Linie verband diese Einrichtungen mit dem Stammhaus in der Straße der Nationen – heute verkehrt hier die Stadtbahn.

Durch das Engtal des Zwönitzflusses zwängen sich die Erfenschlager Straße und die Eisenbahn. Das Bild von etwa 1978 zeigt einen Kurs der seit 1952 betriebenen Zubringerlinie 37 nach Altchemnitz an der Haltestelle Erfenschlag, Am Gutsberg. Mit der Inbetriebnahme der Chemnitz-Bahn nach Thalheim und Aue im Januar 2022 zieht sich der Stadtbus aus diesem Gebiet zurück. ▼

Bus der Linie 37 im Jahre 1988 vor dem Rathaus in Einsiedel. Der Vorort im Zwönitztal gehört seit 1997 zu Chemnitz.

Von der Endstelle August-Bebel-Platz der Linie 37 in Einsiedel schweift der Blick hinauf zum Schulgebäude und zur Jakobikirche, die beide hoch über dem Zwönitzufer gelegen sind. ▼

Im Stadtteil Harthau biegt etwa 1989 ein Bus der Linie 36 von der Annaberger in die Klaffenbacher Straße ein. Über dem Tal des Würschnitzflusses erhebt sich im Hintergrund die Harthauer Lutherkirche.

Mit dem Bau der Teil-Wohnsiedlung Markersdorf Süd (1979–1984) des Heckertgebietes entstand deren Haupterschließungsstraße Zum Hutholz (heute Wolgograder Allee), die seit 1983 von einer einstweiligen Zubringerlinie 57 und bereits ein Jahr später von der Linie 49 ZH–Burkhardtsdorfer Straße befahren wurde.

Die Omnibus-Wendeschleife in Helbersdorf wurde 1976 für die Verkehrsandienung des dort gelegenen neuen Wohngebietes durch mehrere Linien gebaut und im April 2008 aufgelassen. Die Wohnbauten im Hintergrund säumen die Max-Schäller-Straße.

Unbequem, aber mitunter betriebsnotwendig: Schienenersatzverkehr ist angesagt, wenn der durchgehende Straßenbahnbetrieb unterbrochen ist. Hier im Bild muss 1980 in der Krenkelstraße in Altchemnitz zwischen den Verkehrsträgern umgestiegen werden.

Das Bild von 1979 verdeutlicht die komplizierte topografische Lage für die Bebauung des Helbersdorfer Hanges in den Jahren 1974 bis 1979, als an diesem Standort 6.000 Wohnungen entstanden sind. Die Linie 49 befährt die Helbersdorfer Straße.

Vorbeifahrt an der ehemaligen Helbersdorfer Schule.

Die Omnibuslinie 38 verband die Fritz-Heckert-Großwohnsiedlung mit dem Industriegebiet Siegmar. Das Bild zeigt das beginnende Brückenbauwerk, auf dem die Stollberger Straße die Stadtautobahn Südring überspannt.

Mittels Stahlbetonbrücke quert die Markersdorfer Straße die Gleise der Stadtbahn im Stadtteil Morgenleite. Die darüber verkehrende Linie 34 war seit Baubeginn des Heckertgebietes zahlreichen Veränderungen unterworfen. Im Hintergrund des Fotos von 1983 sieht man die „Stadtmauer", einen 450 Meter (!) langen Wohnblock.

Einst befand sich an der Stollberger Straße nahe den heutigen Zufahrten zum Südring die inzwischen abgerissene Gastwirtschaft „Obstweinschänke Heiterer Blick". In die damals ruhige Gegend „verirrte" sich wie auf diesem etwa 1974 entstandenen Foto nur selten ein Omnibus des Stadtverkehrs.

Der Vorplatz des Ikarus-Gebäudes (am linken Bildrand) war seit 1976 Start- und Endpunkt mehrerer Stadtbuslinien. Erst mit dem Bau der Stadtbahntrasse entlang der Stollberger Straße musste er 1992 aufgegeben werden. Das genannte Gebäude diente seit 1926 der Flugabfertigung, als Wetterwarte und als Gaststätte.

Das Industriewerk im Stadtteil Schönau, zuletzt Produzent von Hydraulikanlagen, sorgte mit seinen 3.300 Beschäftigten bis zur „Wende“ für starken Berufsverkehr. Zwischen dem „Aus“ der Schmalspurstraßenbahn (Mai 1981) und dem Start der Regelspurbahn (August 1988) hatte die Buslinie 24 samt Einsatzlinie 25 die Verkehrsaufgaben zu meistern. Von 1957 bis 1995 gab es sogar ein eigenes Kultur- und Sozialgebäude auf dem Gelände des ehemaligen „Wintergartens“.

Am 1. August 1988 nahm die zeitgemäße Schienenbahn den Fahrbetrieb bis zur Wendeschleife Schönau, Popowstraße auf. Hier muss seitdem Tür an Tür in die Anschlussbusse nach Reichenbrand und zum Hutholz umgestiegen werden, die damals als Linien 24 und 39 verkehrten.

Am früheren „Stadtgut Höckericht" überquert die Vogtlandautobahn in Richtung Plauen die Zwickauer Straße mit der Buslinie 24. Das Foto entstand 1982.

1978: Voll besetzt bringt ein Gelenkbus der Linie 38 die Berufstätigen aus dem Heckert-Gebiet über die Neefestraße in das Industriegebiet von Siegmar mit seinen markanten Produktionsstätten Fräsmaschinenkombinat „Fritz Heckert", Großdrehmaschinenbau „8. Mai" und Fahrradwerke „Elite-Diamant" im Bildhintergrund.

Als Gelenkfahrzeug hat es der Bus der Linie 39 besonders bei Schnee schwer, sich durch die schmale Stelzendorfer Straße zu zwängen (1979).

Auf ihrem Weg vom Bahnhof Siegmar zur Wolgograder Allee bedient die Linie 48 im Foto von 1986 die Haltestelle am Gasthof Stelzendorf.

Hier verlässt der 24er Bus 1982 die Haltestelle am Hotel „Trabant" in Siegmar. Die Wismut AG errichtete 1957/58 diesen zeitgemäßen Bau, dessen niveauvolle Gaststätte sich bei der Bevölkerung guten Zuspruchs erfreute. Der neue Eigentümer ließ ihn 1997 abbrechen und durch die „Trabant-Passage" ersetzen.

Dieses ebenfalls 1982 entstandene Foto zeigt die Endstelle der Linie 24 an der ehemaligen Straßenbahn-Gleisschleife gegenüber dem Reichenbrander Friedhof.

Die Linie 38 fuhr 1988 noch durch den Georgenkirchweg in Rabenstein. Im Bildhintergrund ist der Turm der namensgebenden Kirche zu sehen.

An Wochenend- und Ferientagen der Sommersaison war die Linie 47 zwischen der Zentralhaltestelle und dem Naherholungsgebiet Oberrabenstein im Einsatz. Auf dem Bild von 1979 nähert sich der voll besetzte Bus nach Unterquerung des früheren Bahnviaduktes der 1170 erbauten Burg Rabenstein, die als kleinste Burg Sachsens gilt.

An der Limbacher Straße in Rottluff befindet sich ein bemerkenswerter Vierseit-Bauernhof aus dem Jahr 1776, an welchem im Foto von 1979 ein Wagen der Linie 38 vorüberfährt.

Der Verkehrsträger Omnibus ersetzte am 6. November 1988 die letzte schmalspurige Straßenbahnlinie 3 entlang der Limbacher Straße. Das Gebäude links im Foto von 1988 ist das ehemalige Konzert- und Ballhaus „Marmorpalast“. Zunehmender Verfall zwang 2013 zum Abriss dieses Altendorfer Kleinods.

Umgeben von Gründerzeitbauten, bedient 1979 ein Bus der Linie 31 die Haltestelle Gerhart-Hauptmann-Platz. Der Kaßberg genießt den Status eines Flächendenkmals, dem überwiegend nostalgisches Flair zu eigen ist.

4

Der Chemnitzer Stadtbusbetrieb seit der Wiedervereinigung 1990

Die Jahre der großen politischen Veränderungen im Land ab 1990 blieben natürlich nicht ohne Auswirkungen auf das Verkehrswesen. Wegen des weitgehenden Zusammenbruchs der Industrie im einstigen Schwerpunkt Chemnitz verlor der Berufsverkehr gravierend an Bedeutung. Es ergaben sich neue Beförderungsaufgaben zu Behörden, neu entstandenen Großmärkten und Gewerbestandorten. Die enorme Zunahme der privaten Motorisierung beschleunigte ebenso den signifikanten Rückgang der Beförderungszahlen im öffentlichen Personennahverkehr. Dennoch bemühte sich die Chemnitzer Verkehrs-AG als Nachfolger des VEB Nahverkehr um Attraktivierung ihres Angebotes mit Einsatz zeitgemäßer Fahrzeuge der Fabrikate MAN, Mercedes-Benz und Neoplan. Diese lösten bis 1999 die Ikarus-Busse ab, deren Bestand 1990 bei 190 Gelenkwagen und 25 Zweiachsern gelegen hatte.

Die Eröffnung des „Chemnitz-Centers" in Röhrsdorf als ersten und bedeutendsten Einkaufspark verlangte die Einrichtung der Buslinie E 21 ab Zentralhaltestelle am 2. November 1992, wobei hier als besondere Attraktion vierachsige Doppelstockbusse des Typs Neoplan-„Megashuttle" eingesetzt wurden. Genau zwei Jahre später folgte die Linie 54 von der Zentralhaltestelle zum „Neefepark", welche am 15. Oktober 1997 als „Shopping-Linie" ihre Fahrtroute zur „Sachsen-Allee" am Thomas-Mann-Platz ausdehnte.

Andererseits brachte die Einrichtung der Linie 64 zwischen dem Fritz-Heckert-Wohngebiet und dem „Alt-Chemnitz-Center" am 1. Oktober 1994 nicht den erhofften Zuspruch, sodass deren Betrieb schon nach sechs Monaten wieder endete.

Die Stadt Chemnitz vergrößerte in den Jahren 1994 bis 1999 ihr Territorium durch die Eingemeindung von Euba, Kleinolbersdorf, Altenhain, Einsiedel, Berbisdorf, Klaffenbach, Grüna, Mittelbach, Wittgensdorf und Röhrsdorf auf das 1,7-fache. Praktisch bedeutete das für die Verkehrserschließung die Einrichtung neuer bzw. die Übernahme bestehender Verbindungen von der regionalen Kraftverkehrsgesellschaft; konkret die Linien

44	Gablenzplatz–Euba (am 1. November 1994)
E 37	Einsiedel–Berbisdorf–Eibenberg–Einsiedel (am 25. August 1997)
53	Bernsdorf–Kleinolbersdorf–Altenhain (am 2. Juni 1997)
25	Chemnitz-Center–Röhrsdorf, Haardt (am 1. Dezember 1999)
24	Verlängerung über Reichenbrand hinaus nach Grüna, Teichstraße bzw. Mittelbach, Landgraben (am 28. Mai 2000)
28	Glösa–Draisdorf–Wittgensdorf–Röhrsdorf–Chemnitz-Center (24. August 2000), mit späterer Einbeziehung der Linie 25 sowie der Linie 27 zum Gewerbegebiet Wittgensdorf ab Oktober 2002.

Die verkehrlichen Funktionen des Stadtbusses in Chemnitz bestanden während der bisherigen wechselvollen Geschichte in der Erschließung von „straßenbahnfernen" Stadtteilen, Neubau-Wohngebieten, Industrie- und Gewerbeansiedlungen, großen Einkaufsmärkten und Stadtrandgebieten, der Übernahme der Funktion eines Teiles ehemaliger Schmalspurstrecken sowie dem zeitweisen Schienenersatzverkehr. Durchmesser-, Halbmesser-, Schleifen-, Tangential- und Zubringerlinien waren und sind dabei die bekannten Linienformen.

Überdies ergab sich die Notwendigkeit, auch sogenannte Verkehrs-„Nischen" zu befahren, wo einerseits das Aufkommen nicht stark ausgeprägt ist, aber andererseits öffentliche Verkehrsmittel im Rahmen der Daseinsvorsorge präsent sein sollten. Dazu zählen die Linien

62	Gablenz–Beutenbergsiedlung (seit 10. Mai 1993)
77 (Citybus)	Markthalle–Nordvorstadt–Brühl–Hauptbahnhof–Zentralhaltestelle–Markthalle (seit 3. Juni 1996) zur Bedienung der zentral gelegenen Einkaufsmeilen und ab November 1999 auch des Schloßviertels; das an Werktagen eingesetzte Fahrzeug erlaubte es, per Tonträger sogar eine Stadtbilderklärung anzubieten.
55 (Kliniklinie)	Busbahnhof Schillerplatz–Küchwaldkrankenhaus–Klinikum Flemmingstraße (ab 7. September 2001);
	die Zusammenlegung der Linien 55 und 77 am 15. Dezember 2003 ergab die gemeinsame Linie
56	(Stadtzentrum–Omnibusbahnhof–Nordvorstadt–Schloßviertel–Küchwaldkrankenhaus–Klinikum Flemmingstraße)
73	Schönau–Kopernikusstraße–Rabenstein, Grünaer Straße (seit 31. März 2008)
49	Ortslinie Mittelbach–Grüna (seit 15. Dezember 2019).

Auf den vorstehenden Verbindungen gelangten ausschließlich Kleinbusse zum Einsatz, die dank ihrer Wendigkeit besonders in schmalen Straßen bestachen. Ein gleiches Fahrzeug befuhr in den Sommerhalbjahren 2002 bis 2007 die Ausflugslinie 66 durch das Sternmühlental über die Stadtgrenze hinaus zum Schloss Augustusburg.

Wegen des geringen Verkehrsaufkommens auf einigen Linien während der späten Abendstunden und an Wochenendtagen wurde aus betriebswirtschaftlichen Gründen der Taxi-Genossenschaft ab 22. Juli 2001 der Einsatz sogenannter Anruf-Linientaxis (ALiTa) übertragen. Die Linie 50 (Yorckgebiet–Glösa) wurde gar bis zu ihrer Stilllegung Ende 2005 ausschließlich in dieser alternativen Bedienungsform betrieben.

Anders beim Nachtverkehr: Die am 22. Juli 2001 eingerichteten, jeweils rund 18 km langen Nachtlinien 13 (Chemnitz-Center–Borna–Schloßviertel–Nordvorstadt–Zentralhaltestelle–Stollberger Straße–Helbersdorf–Chemnitzer Straße) und 14 (Rottluff–Flemminggebiet–Kaßberg–Zentralhaltestelle–Sonnenberg–Yorckgebiet–Ebersdorf) befuhren Stadtgebiete mit relativ größerem Fahrgastaufkommen. Der Weg von und zur Zentralhaltestelle als stündlicher Linientreff verlief dabei nicht direkt wie im Tagesverkehr, sondern über Umwege, um jeder Linie eine möglichst große Erschließungswirkung zu verleihen. Seit 2008 bestehen acht derartige Radiallinien N 11 bis N 18 mit vom Tagesverkehr abweichenden Routen.

Nachdem 1997 der erste Versuch für die gemeinschaftliche Bedienung der Linie 47 mit der sich überlagernden Regionalbuslinie 253 zum Naherholungszentrum Oberrabenstein geglückt war, wurde die kooperative Arbeit mit der damaligen Autobus GmbH

Sachsen – Regionalverkehr (ASR) seit Ende Mai 2000 weiter ausgebaut, indem beide Unternehmen die Strecken Schönau–Reichenbrand–Grüna bzw. Mittelbach mit ihren Linien im abgestimmten Fahrplantakt befuhren. Vom 11. Dezember 2005 an bestand sogar die gemeinsame Linie 21/254 Ebersdorf–Zentralhaltestelle–Röhrsdorf–Limbach-Oberfrohna.

Die Tarifvereinheitlichung zum Start des Verkehrsverbundes Mittelsachsen (VMS) beseitigte im Januar 2002 ohnehin die Tarifschranken. Die Zusammenarbeit mit Partnerunternehmen erleichterte sich seitdem durch die sinnvolle Aufgabenteilung mit gebündelten Liniengruppen.

Darüber hinaus bestanden bzw. bestehen seit 1993 Beziehungen zu weiteren privaten Omnibusunternehmen, welche im Auftrag der Chemnitzer Verkehrs-AG mit eigenen Fahrzeugen und Fahrern vertraglich Verkehrsleistungen erbringen. Gleiches trifft für das im Jahr 2000 gegründete Tochterunternehmen Euro Traffic Partner GmbH (ETP) zu. Dadurch ließ sich der Bestand unternehmenseigener Omnibusse auf 85 Fahrzeuge (davon 65 Gelenkbusse) abschmelzen.

Mit Inbetriebnahme neuer Schienenbahnstrecken verringerten sich in den betroffenen Stadtgebieten die Aufgaben für das Verkehrssystem Omnibus. Das traf in den zurückliegenden Jahren die Linie 36 (ehemals H), welche ab 15. Dezember 2002 nur noch zwischen Klaffenbach, Oberdorf und dem Bahnhof Neukirchen-Klaffenbach (Chemnitz-Bahn C11) pendelte, aber andererseits seit dem 30. März 2008 weiter zum Hutholz geführt wird, und die Linie 46 (früher U) als einstmals am dichtesten belegtes Netzelement entlang der Stollberger Straße. Diese zog sich mit Inbetriebnahme der Stadtbahnlinie 4 schrittweise zurück und beendete am 20. März 2004 ihren Dienst.

Die 2022 anstehende Eröffnung der Chemnitz-Bahn nach Thalheim und Aue bringt für Stadtlinienbusse im Bedienungsgebiet Erfenschlag und Einsiedel Veränderungen mit sich.

Ein andersartiges Schicksal erwartete im Dezember 2017 die entlang der Reichenhainer Straße geführte Linie 51 (ehemals B) nach der Betriebsaufnahme der Stadtbahnlinie 3, denn die einstige Busverbindung zwischen der Zeisigwaldstraße bzw. dem Yorckgebiet und Reichenhain bzw. Altchemnitz (über die Zentralhaltestelle) wurde im Stadtzentrum aufgelöst. An ihre Stelle traten die Linien

51/E 51	Zeisigwaldstraße bzw. Yorckgebiet–Zentralhaltestelle mit betrieblicher Verknüpfung zur Linie 22 nach Glösa über Hauptbahnhof und
52	Hutholz–Chemnitzer Straße–Helbersdorf–Unteraltchemnitz–Südbahnhof–Zentralhaltestelle. Von da aus fährt sie weiter als Liniengruppe 51/E 51 zur Zeisigwaldstraße bzw. ins Yorckgebiet.

Hinzu kamen die neuen Verbindungen

53	Technopark–Bernsdorf–Reichenhain–Altchemnitz–Helbersdorf–Stollberger Straße–Markersdorf–Chemnitzer Straße und
73	TU-Campus Reichenhainer Straße–Erfenschlager Straße–Altchemnitz.

Weitere Linienkorrekturen fanden zum gleichen Zeitpunkt in Rabenstein sowie im Raum Borna und Wittgensdorf statt, um dort das Verkehrsangebot den Wünschen und Bedürfnissen der Einwohner entsprechend zu optimieren.

Die bereits erwähnte lawinenartige Zunahme des Kraftfahrzeugverkehrs seit Anfang der 1990er-Jahre zeigte beizeiten neben dem Vorteil der Freizügigkeit auch ihre Schattenseiten in Form erhöhter Unfallzahlen, vermehrten Schadstoffausstoßes und besonders des fast permanenten Staus auf den Straßen, in den zwangsläufig auch Omnibusse einbezogen sind. Teilweise brachte das Anlegen von Sonderfahrspuren auf dem ehemaligen Gleiskörper der schmalspurigen Straßenbahn Abhilfe, so 1994 seitlich der Bahnhofstraße zwischen der Zentralhaltestelle und dem Rosenhof und 1995 in der Theaterstraße. 1998 folgte ein 700 Meter langer Abschnitt auf der Frankenberger Straße in Hilbersdorf. Hier können die Linienbusse am Stau vorbeifahren. In der Straße der Nationen benutzen die Busse hingegen den besonderen Bahnkörper und die Haltestellen der Schienenbahn mit.

Die in den Anfangsjahren des Omnibusbetriebes übliche Haltestellenanordnung an den Gehwegkanten der Straßen ist inzwischen der behindertengerechten Aufhöhung der Warteflächen auf mindestens 0,2 Meter über Fahrbahnoberfläche gewichen. Zur zeitgemäßen Ausstattung gehören außer der Stele mit H-Schild noch der Fahrplan, weitere Hinweise, teilweise sogenannte „dynamische Fahrgastinformationsanzeiger" (DFI) sowie ein Witterungsschutz.

Eine Maßnahme zur Verkehrsbeschleunigung stellt die Beeinflussung der Grün-Phasen der Lichtzeichenanlagen an zahlreichen Straßenknoten über das Rechnergestützte Betriebsleitsystem (RBL), ausgelöst von den Fahrzeugen, dar. Dieses bindet überdies das interne und das Fahrgast-Informationssystem mit Standortkennung der Fahrzeuge ein.

Leider musste der zentral gelegene Wendeplatz an der Moritzstraße im November 1995 infolge Überbauung durch den Moritzhof ersatzlos aufgegeben werden. Die dort bisher verbliebenen Radiallinien wurden zu Durchmesserlinien verknüpft oder zum Busbahnhof am Schillerplatz geführt.

An der Werner-Seelenbinder-Straße entstanden im Verlauf der bis dahin mehr als siebzigjährigen Geschichte des städtischen Omnibusbetriebes in Chemnitz eine eigene neue Regiewerkstatt und eine Großgarage. Der erste Bauabschnitt wurde 1994 zur Nutzung übergeben und umfasste Betriebswerkstatt, Tankstelle, Werkstatt- mit Sozialtrakt und Betriebsgebäude für den Fahrdienst. Die Bereiche Wartung, Instandsetzung, Fahrzeugreinigung, Betankung und Reifendienst befinden sich unter einem Dach. Als zweiter Bauabschnitt folgte 1998 der aus drei Kalthallen bestehende Garagentrakt, bemessen für rund 70 Gelenk- und 55 Zweiachsbusse. Die Fertigstellung der Inspektionshalle im Jahr 2000 rundete den Betriebshof ab und zog das Ende aller bisherigen Zwischenlösungen für die Abstellung und technische Dienste des Fahrzeugparkes nach sich.

Im Rahmen der Neuordnung des Busliniennetzes am 30./31. März 2008 reduzierte sich die Anzahl betriebener Linien von 34 auf 24. Es war Zweck der Reformierung, im Sinn der Kostenreduzierung eine nicht sinnvolle Belegung von Strecken durch mehrere parallele Linien aufzugeben und stattdessen noch bestehende „weiße Flecken" in der Erschließung des Stadtgebietes zu tilgen. Die CVAG legte keine Linien still, sondern übertrug deren Bedienung anderen Betreibern, wie etwa die Verbindung Schönau–Mittelbach an die ASR.

Andererseits erhielt die CVAG aus Kostengründen zum Jahresbeginn 2019 die alleinige Bedienung der Verbindungen Ebersdorf–Zentralhaltestelle–Borna–Röhrsdorf–Limbach-Oberfrohna (als Linie 21) und Schönau–Reichenbrand–Grüna–Hohenstein-Ernstthal (als Linie 41) zugesprochen, obwohl beide Linien weit über das Territorium der Stadt Chemnitz hinaus reichen.

Eine bemerkenswerte Omnibuslinie nahm am 10. Dezember 2017 den Betrieb auf: Die neue Ringlinie 82 umrundet seitdem auf einem 14,5 km langen Parcours im 20-Minuten-Takt das zentrumsnahe Stadtgebiet und bedient 34 Haltestellen. Start- und Zielpunkt am TU-Campus sind identisch. Außer ihrer eigentlichen Aufgabe, Stadtteile unter Umgehung der Innenstadt direkt und zeitgünstiger miteinander zu verbinden, bietet sie die preisgünstige Gelegenheit, die Busse zur Erkundung des Stadtbildes zu nutzen (siehe Kapitel 6). Die Linie erfreut sich inzwischen guten Zuspruchs.

Ein Wort zur Tarifgestaltung: Seit dem erneuten Beginn des Fahrbetriebes im Jahr 1926 galt ein Einheitstarif, nach dem sich der Fahrpreis bis 1991 zwischen 15 und 25 Pfennigen je Fahrt bewegte. Eine Tarifgemeinschaft mit der Straßenbahn hatte es bis dahin nie gegeben. Erst mit der Wirtschafts- und Währungsunion ab Juli 1990 wurden die Fahrpreise dynamisiert. Das bedeutete, dass sich seit März 1991 die (Fahr-)Preisschraube nach oben bewegte. Schienenbahn und Bus wurden dabei gleichgestellt und die üblichen Rabattierungen für Vielfahrer beibehalten. Innerhalb des Verkehrsverbundes Mittelsachsen, zu dem das Tarifgebiet Chemnitz gehört, gilt der leistungsabhängige Zonentarif.

Bis 1965 erhob der in den Fahrzeugen mitfahrende Schaffner den Obolus; danach mussten die Fahrgäste dieses Geschäft in Selbstbedienung an Zahlboxen verrichten. Heute lassen sich Fahrscheine an Automaten bzw. bargeldlos erwerben und sind, falls erforderlich, wie gewohnt am Entwerter abzustempeln.

Die weitere Gestaltung des Stadtbildes mit der ständigen Fortentwicklung von Wohn- und Gewerbeansiedlungen wird folgerichtig Auswirkungen für das städtische Verkehrswesen haben. Der fortgeschriebene Nahverkehrsplan bewertet diese Wechselwirkung. In Abstimmung mit der Stadtverwaltung und den Verkehrsträgern werden in der Folge die Angebots- und Linienstruktur kostenabhängig den äußeren Bedingungen angepasst. Für diesen Prozess ist das Verkehrssystem Omnibus dank seiner Eigenheit flexibler als die Schienenbahn.

Der Geschäftsbericht der Chemnitzer Verkehrs AG nennt für das Jahr 2020 u. a. folgende Daten:

- Anzahl Omnibuslinien: 29 Tages-, zwei Schüler- und acht Nachtlinien;
- Länge aller betriebenen Buslinien: 414,2 km auf 298,6 km Strecke;
- Anzahl unternehmenseigener Omnibusse: 59 Gelenk- und 29 Zweiachs-Fahrzeuge.

Das Tochterunternehmen ETP verfügt über 28 Omnibusse.

Linienübersicht 2020 (Linienlängen als Durchschnittswerte)

21	Ebersdorf–Hilbersdorf–Frankenberger Straße–Hainstraße–Zentralhaltestelle (ZH)–Hartmannstraße–Leipziger Straße–Borna–Chemnitz-Center (E 21; 12,77 km)–Röhrsdorf–Kändler–Limbach-Oberfrohna, Lutherkirche (25,66 km)
22	Glösa–Chemnitztalstraße–Furth–Blankenauer Straße–Wilhelm-Külz-Platz–Straße der Nationen–Hauptbahnhof–Zentralhaltestelle (5,41 km) -> Wechsel zur Linie 51
23	Heinersdorf–Blankenburgstraße–Müllerstraße–Mühlenstraße–Zentralhaltestelle (6,51 km)–Zwickauer Straße–Neefestraße–Neefepark (14,12 km)
26	Schönau–Stelzendorfer Straße–Stelzendorf, Neukirchner Straße–Hutholz (5,58 km)
31	Flemmingstraße–Ammonstraße–Paul-Jäkel-Straße–Barbarossastraße–Zwickauer Straße–ZH–Fürstenstraße–Yorckgebiet (9,65 km)
32	Dresdner Straße–Margaretenstraße–Emilienstraße–Straße der Nationen–ZH–Hartmannstraße–Limbacher Straße–Rottluff (E 32; 10,12 km)–Rabenstein–Unritzstraße–Reichenbrand (16,37 km)
33	Bernsdorf–Zschopauer Straße–Georgistraße–Adelsberg, Kirche (3,22 km) bzw. Schösserholz (4,94 km)
39	Hutholz–Wolgograder Allee–Chemnitzer Straße–Bahnhof Neukirchen-Klaffenbach–Würschnitztalstraße–Klaffenbach, Oberdorf (7,60 km)
41	Schönau–Zwickauer Straße–Reichenbrand (E 41; 3,56 km) –Hohensteiner Straße–Grüna, Chemnitzer Straße–Grüna, Wende (8,22 km)–Wüstenbrand–Hohenstein-Ernstthal, Bahnhof (15,34/13,36 km)
42	Schönau–Zwickauer Straße–Siegmar, Kopernikusstraße–Keplerstraße–Sterzelstraße–Oberfrohnaer Straße–Rabenstein, Grünaer Straße (6,43 km)
43	Rabenstein, Tierpark–Unritzstraße–Oberfrohnaer Straße–Bahnhof Siegmar–Jagdschänkenstraße–Mauersbergerstraße–Neefepark–Neefestraße–Kappel, Lützowstraße –Stollberger Straße–Am Flughafen (E 43; 11,99 km)–Helbersdorf–Scheffelstraße–Altchemnitz, Werner-Seelenbinder-Straße–Augsburger Straße–Bernsdorfer Straße–Wartburgstraße–Sachsenring–Carl-von-Ossietzky-Straße–Gablenz, Betriebshof Adelsberg (E43; 22,63 km) bzw. Adelsberg, Schösserholz (27,04 km)
46	Borna–Bornaer Straße–Wittgensdorfer Straße–Wittgensdorf, Chemnitzer Straße–Untere Hauptstraße–Wittgensdorf, Chemnitztal (7,09 km) (–Draisdorf–Chemnitztalstraße–Glösa [ges. 10,51 km])
49	Grüna, Ortsmitte–Hexenberg–Forsthaus–Limbacher Straße–Aktienstraße–Hofer Straße–Mittelbach, Landgraben (6,89 km)
51	Zeisigwald, Klinik Bethanien bzw. Yorckgebiet (E 51)–Heinrich-Schütz-Straße–Sachsen-Allee–August-Bebel-Straße–Müllerstraße–Mühlenstraße–Zentralhaltestelle (6,20 bzw. 6,56 km) -> Wechsel zu Linien 22 bzw. 52
52	Hutholz–Wolgograder Allee–Südring–Helbersdorfer Straße–Altchemnitzer Straße–Südbahnhof–Zentralhaltestelle (11,02 km) -> Wechsel zur Linie 51
53	Chemnitzer Straße–Wolgograder Allee–Markersdorf–VITA-Center–Stollberger Straße–Helbersdorf, Scheffelstraße–Annaberger Straße–Altchemnitz–Erfenschlager Straße–Reichenhain–Bernsdorf–Augsburger Straße–Reichenhainer Straße–Technopark (17,67 km)
56	Bernsdorf–Zschopauer Straße–Kleinolbersdorf–Altenhain–Zschopauer Straße–Bernsdorf (16,88 km)
62	Flemmingstraße–Rudolf-Krahl-Straße–Waldenburger Straße–Weststraße–Theaterstraße–Brückenstraße–ZH–Zschopauer Straße–Carl-von-Ossietzky-Straße–Gablenz, Betriebshof Adelsberg (10,38 km)
63	Borna–Leipziger Straße–Wittgensdorfer Straße–Bornaer Straße–Chemnitztalstraße–Glösa–Max-Saupe-Straße–Ebersdorf (9,88 km)
69	Bahnhof Hilbersdorf–Frankenberger Straße–Mittweidaer Straße–Ebersdorf, Brettmühle (4,49 km)

72	Rottluff bzw. Flemmingstraße (E 72)–Waldenburger Straße–Weststraße–Theaterstraße–Brückenstraße–ZH–Zschopauer Straße–Carl-von-Ossietzky-Straße–Heimgarten, Diesterwegschule (9,24 bzw. 9,91 km)
73	Altchemnitz–Erfenschlager Straße–Reichenhainer Straße–TU-Campus (3,87 km)
76	Altchemnitz–Erfenschlag–Einsiedel–Berbisdorf–Eibenberg–Einsiedel–Erfenschlag–Altchemnitz (18,85 km)
79	Zentralhaltestelle–Brückenstraße–Mühlenstraße–Lohrstraße–Müllerstraße–Salzstraße–Luisenplatz–Klinikum Küchwald–Waldrand–Küchwald, Rilkestraße (8,91 km)
82	TU-Campus–Reichenhainer Straße–Werner-Seelenbinder-Straße–Fraunhoferstraße–Bernsbachplatz–Gustav-Freytag-Straße–Reichsstraße–Weststraße–Barbarossastraße–Paul-Jäkel-Straße–Salzstraße–Schloßteichstraße–Müllerstraße–August-Bebel-Straße–Palmstraße–Zietenstraße–Clausstraße–Wartburgstraße–TU-Campus (14,51 km)
83	Gablenzplatz–Eubaer Straße–Euba (E 83; 7,84 km)–Niederwiesa, Schulzentrum (10,71 km)
89	Gablenz, Betriebshof Adelsberg–Carl-von-Ossietzky-Straße–Walter-Klippel-Straße–Beutenbergsiedlungen–Weißer Weg–Dresdner Straße (7,22 km)
S 91	Humboldtplatz–Gablenzplatz–Geibel- bzw. Ernst-Enge-Straße–Bernsdorf, Rosa-Luxemburg-Straße–Bernsdorfer Straße–Reichenhain, Jägerschlösschenstraße–Reichenhainer Straße–TU-Campus (9,18 km) nur an Schultagen
S 92	Klaffenbach, Oberdorf–Klaffenbacher Straße–Harthau, Annaberger Straße–Altchemnitz–Erfenschlag–Einsiedel, August-Bebel-Platz (12,45 km) nur an Schultagen
93	Neefepark–Stelzendorf–Neukirchner Straße–Stollberger Straße–Hutholz (5,81 km)
96	Wittgensdorf, Kornweg–Chemnitzer Straße–Obere Hauptstraße–Röhrsdorfer Allee–Chemnitz-Center (8,89 km)

Nachtlinien	
N 11	Zentralhaltestelle–Bahnhofstraße–Hauptbahnhof–Straße der Nationen–Müllerstraße–Blankenauer Straße–Emilienstraße–Hilbersdorfer Straße–Frankenberger Straße–Ebersdorf (6,90 km)
N 12	Zentralhaltestelle–Dresdner Straße–Fürstenstraße–Zietenstraße–Heinrich-Schütz-Straße–Zeisigwaldstraße–Yorckgebiet (6,58/4,59 km)
N 13	Zentralhaltestelle–Zschopauer Straße–Lutherstraße–Clausstraße–Carl-von-Ossietzky-Straße–Adelsbergstraße–Kirche Adelsberg–Georgistraße–Zschopauer Straße–Südring–Betriebshof Adelsberg (10,15 km)
N 14	Zentralhaltestelle–Bernsbachplatz–Reichenhainer Straße–Wartburgstraße–Augsburger Straße–Werner-Seelenbinder-Straße–Annaberger Straße–Altchemnitz–Erfenschlager Straße–Gornauer Straße–Reichenhain–Bernsdorfer Straße–Bernsdorf–Augsburger Straße–Reichenhainer Straße–Zentralhaltestelle (12,27/4,73 km)
N 15	Zentralhaltestelle–Annaberger Straße–Heinrich-Lorenz-Straße–Parkstraße–Stollberger Straße–Morgenleite–Markersdorfer Straße–Wladimir-Sagorski-Straße–Wolgograder Allee–Hutholz (12,60/8,07 km)
N 16	Zentralhaltestelle–Zwickauer Straße–Schönau–Siegmar–Reichenbrand–Unritzstraße–Riedstraße–Rabenstein-Center (10,19 km)
N 17	Zentralhaltestelle–Brückenstraße–Theaterstraße–Weststraße–Waldenburger Straße–Rudolf-Krahl-Straße–Flemmingstraße–Ammonstraße–Talanger (6,81 km)
N 18	Zentralhaltestelle–Straße der Nationen–Georgstraße–Mühlenstraße–Müllerstraße–Nordvorstadt–Salzstraße–Schloßviertel–Leipziger Straße–Borna (5,49 km)

Die Linien 39, 42, 49, 69, 79 und 89 werden mit Kleinbussen befahren.

In Schwachverkehrszeiten vermitteln Bahnen und Busse an der Zentralhaltestelle zu festen Uhrzeiten gegenseitig Anschluss (Rendezvous). In der Bahnhofstraße haben sich daher mehrere Fahrzeuge vor dem von 1913 stammenden heutigen Kulturkaufhaus DASTietz aufgereiht.

Ein 22er Bus biegt hier 2012 nach Verlassen der Zentralhaltestelle in den heute verkehrsberuhigten Teil der Straße der Nationen ein.

So stellte sich 2012 der Blick über den Stadthallenpark auf den Roten Turm sowie das Ensemble von Stadthalle und Hotel dar.

Haltestelle Roter Turm mit der Galerie Roter Turm, im Hintergrund überragt von Rathaus- und Hohem Turm (2013). Die Architekten Jahn, Kollhoff und Ingenhoven setzten bedeutende Zeichen zur Gestaltung der neuen Chemnitzer Innenstadt.

Der Fußgängerbereich Am Wall markiert den einstigen Verlauf der Theaterstraße zwischen der Klosterstraße und dem Johannisplatz. Heute führt dieser Verkehrsweg nordwärts und ist mit der Mühlenstraße verbunden. Es verkehren darauf im Jahr 2020 sechs Stadtlinien des Tagnetzes.

Die Gebäude in der Brückenstraße dienten in den Jahren der DDR den Staats- und Parteiorganen. Auf dem Foto von 2020 bedient ein Bus der Linie 72 die Haltestelle vor dem 1971 eingeweihten Karl-Marx-Monument.

Ein Linienbus befährt 2012 den abgegrenzten, erhöhten Gleiskörper der Stadtbahn in Mittellage der Straße der Nationen vor dem „Hotel an der Oper".

Vor dem Böttgerbau, der Keimzelle der heutigen Technischen Universität, fährt ein Kurs der Linie 32 die in der Straßenmitte angeordnete Haltestelle am Busbahnhof an (Foto von 2013).

Eine „49" verlässt auf dieser von 2004 stammenden Aufnahme den Busbahnhof am Schillerplatz, dessen Bussteige sich seit dem Umbau 1999 die Linien des städtischen und regionalen Verkehrs untereinander aufgeteilt haben.

So stellte sich 2018 die Kreuzung von Bahnhof- und Reitbahnstraße aus der Vogelperspektive dar, links „DASTietz".

Längst Geschichte ist 2016 der frühere Bus-Wendeplatz an der Moritzstraße, wo 1996/97 die versetzten Baukörper der Sparkassen-Hauptgeschäftsstelle und des „Moritzhofs" mit dessen auffälliger korallenroter Fassadenverkleidung entstanden. Außerhalb der nördlichen Straßenfahrbahn verläuft eine eigene Bus-Fahrspur.

Das 1995 als Geschäftshaus erbaute „Falkeforum" bildet den westlichen Abschluss des Falkeplatzes. Davor ist auf diesem um 2017 entstandenen Foto ein Bus der Linie 23 stadtauswärts in Richtung Neefepark unterwegs.

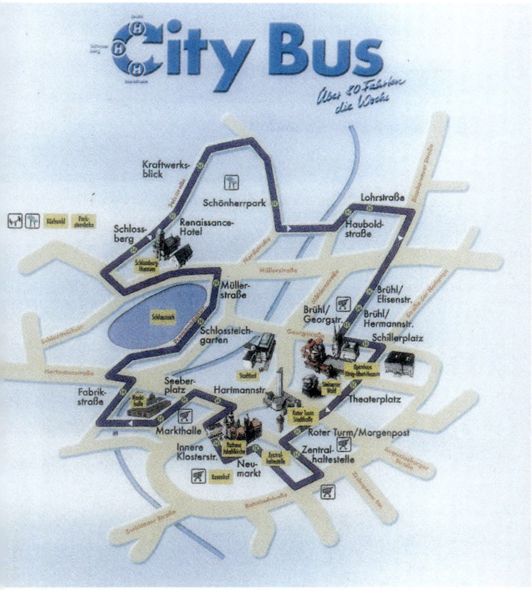

Lageplan des Citybusses.

Seit 1996 verband die Citybuslinie 77 Innenstadt, Schloßteich und Brühlviertel miteinander. Die Aufnahme von 2003 zeigt deren Anfangs- und Endpunkt nahe der unter Eduard Hechler 1891 erbauten Markthalle.

Die Linien 21, 32 und 51 berühren den an die Theaterstraße angrenzenden Getreidemarkt, was dieses Foto von 2018 dokumentiert. Bemerkenswert ist der rechts sichtbare Bau des früheren Bahnstrom-Umformerwerkes der Straßenbahn, welcher heute als Jugendherberge dient.

Diesen Blick bot 2013 die Kaßberg-Auffahrt talwärts zur Theaterstraße, als dem Fotografen auf der 6,5-Prozent-Steigungsstrecke ein Kurs der Linie 72 entgegenkam.

Die Richard-Hartmann-Brücke überspannt den Chemnitzfluss im Zuge der Kaßberg-Auffahrt. Bis 1983 zuckelte hier noch die Straßenbahn entlang; danach übernahmen Omnibusse den Dienst (Foto 2018).

Die Theaterstraße in Höhe der abzweigenden Inneren Klosterstraße, 2013 aus der Vogelperspektive gesehen. Ein 32er Bus hat soeben die Haltestelle verlassen. Im Bildhintergrund zeigt sich am Kaßberghang das ehrwürdige Karl-Schmidt-Rottluff-Gymnasium von 1872.

Das 1897 erbaute Verwaltungsgebäude der Sächsischen Maschinenfabrik (vorm. Richard Hartmann) dient nach dem Firmenkonkurs seit 1931 als Sitz der Polizeidirektion Chemnitz. Auf dem Foto von 2014 rollt ein Bus der Linie 21 in Richtung „Chemnitz-Center".

Aus luftiger Höhe präsentiert sich 2014 der Straßenknoten von Bahnhof- und Brückenstraße, den mehrere Nahverkehrslinien überqueren. Rechts am Bildrand tritt das Sächsische Museum für Archäologie, der Erich Mendelsohn'sche Bau des früheren Kaufhauses Schocken von 1930, ins Blickfeld. Der Anblick hat sich inzwischen nachhaltig verändert.

◄ Gut besetzt fährt 1996 ein Neoplan-Megashuttle auf der Hartmannstraße der Zentralhaltestelle entgegen. Das Gebäude im Hintergrund ist die 1910 eröffnete Handwerkerschule, die auf einen Entwurf des Architekten Emil Ebert zurückgeht.

Seit dem Jahr 2017 füllt das neue Technische Rathaus das nach 17 Jahren zum Biotop gewandelte „Contiloch" zwischen der Bahnhof- und der Dresdner Straße. Die Linien 21 und 31 bedienen im Foto von 2019 die davor gelegene Haltestelle.

Vorbeifahrt (2017) an der 1867 erbauten Villa des Maschinenfabrikanten Zimmermann an der Bahnhof-/Ecke Carolastraße. ▲

Ein Wagen der Linie 57 fährt 2004 auf seinem Weg ins Lutherviertel an der Industrieschule vorüber, einem 1928 unter dem Architekten Wagner-Poltrock entstandenen Backstein-Bauwerk.

Wir schauen 2013 aus der Vogelperspektive auf die Kreuzung von Mühlen- und Hartmannstraße, welche gerade ein in nördliche Richtung fahrender Gelenkbus passiert. Die neungeschossigen Wohnscheiben in Plattenbauweise entstanden von 1964 bis 1969.

Diese 2015 entstandene Aufnahme zeigt einen Wagen der Linie 22 vor dem Stadtbad. Die Sportstätte mit ihren zwei Schwimmbecken ist nach längerer Bauunterbrechung seit 1935 nutzbar. Stadtbaurat Otto legte als Architekt dabei Wert auf modernes Bauen.

Die 1931 eröffnete Allgemeine Ortskrankenkasse, ein Werk des Architekten Curt am Ende, besticht seit jeher durch ihre Porphyrverkleidung und das Halbrund zur Müllerstraße hin. Auf dem Foto von 2015 nähert sich ein Kleinbus der Linie 76.

Auf dem Bergsporn über dem Schloßteich zeigen sich die Schloßkirche und das Schloßbergmuseum als einstiger Klosterflügel. Auf der Schloßteichstraße fährt vis-à-vis der Gastwirtschaft „Schloßvorwerk" ein Wagen der Linie 76 im Jahr 2015 stadteinwärts.

Zwei Brücken überspannen die Blankenauer Straße: Die eine trägt die Eisenbahnstrecke nach Leipzig, während die andere früher der Verbindungskurve zum Rangierbahnhof Hilbersdorf diente und jetzt funktionslos ist. Auf der Ausfallstraße in Richtung des Chemnitztales verkehrt heute die Omnibuslinie 22 (Foto 2020).

2020 wurde dieser Wagen der Linie 23 vor dem Heizkraftwerk Nord aufgenommen. Der Schornstein entfaltet erst bei Dunkelheit seine Lichterpracht als eines der neuen Wahrzeichen von Chemnitz.

Die Bürger- und die Beyerstraße sind für „normale" Omnibusse zu schmal. Aus diesem Grund befahren Kleinbusse die Linie 76 zur Andienung des 1915 eröffneten Küchwald-Krankenhauses, wie diese Aufnahme von 2020 dokumentiert.

Das auf Röhrsdorfer Flur gelegene „Chemnitz-Center" öffnete 1992 als erster Großeinkaufsmarkt in der Nachwendezeit mit insgesamt 45 Hektar Verkaufsfläche. Zu dessen Verkehrserschließung diente die seit 1993 mit Großraumfahrzeugen des Typs Megashuttle befahrene Buslinie E 21. Das Foto entstand um 1995.

2014 wurde dieser Wagen der Linie 46 vor der Gnadenkirche in Borna aufgenommen. Der Sakralbau entstand erst 1951/1954 mit einfachen Mitteln und Möglichkeiten der Nachkriegsjahre.

Feierlich wurde am 1. Dezember 1999 vor dem Röhrsdorfer Rathaus mit Vertretern von Gemeinde und Verkehrsunternehmen die Omnibuslinie 25 in Betrieb genommen.

Dieses Foto von 2015 zeigt die Linie 31 am Abzweig der Fürsten- von der Dresdner Straße. Das fünfgeschossige Gebäude im Hintergrund wurde 1926 als Lagertrakt für die Textilfirma Emden erbaut und mit Klinkern verblendet. Später etablierte der Rat des Kreises darin seinen Verwaltungssitz.

Von der Humboldthöhe des Sonnenberges (356 Meter) grüßt im Bild von 2017 das Kepler-Gymnasium auf die Fürstenstraße herab, auf der ein 31er Bus stadteinwärts unterwegs ist. Der Schulneubau entstand 1914, als der Wohnungsbau im Ostteil der Stadt expandierte.

Das am Rand des Zeisigwaldes gelegene Klinikum „Bethanien“ ist Start- und Endpunkt der Linie 51.

Noch einmal der Zeisigwald: Die 1994 von der Regionalbusgesellschaft übernommene Linie 44 bedient im Foto von 1995 die Haltestelle „Heideschänke“. Die einst beliebte Ausflugsgaststätte erhielt 1909 Schankrecht und wurde 2020 leider abgebrochen.

Ein Kleinbus der Linie 89 ist unterwegs auf dem Beutenberg, einem am östlichen Stadtrand gelegenen Höhenzug vulkanischen Ursprungs. Die im letzten Jahrhundert entstandenen Kleinsiedlungen erhielten erst 1993 Anschluss an das städtische Verkehrsnetz. Das Foto von 2021 gibt den Blick nach Euba frei.

Die Wendeschleife Kirchwinkel der Linie 33 befindet sich im alten Adelsberger Ortskern (Foto 2014).

An der Zschopauer Straße wurde 2004 die Chemnitzer Filiale der Deutschen Bundesbank erbaut, entworfen vom spanischen Architekten Mateo. Bemerkenswert ist die Travertinverkleidung zur Straßenfront hin. Das Foto von 2014 zeigt einen Kurs der Linie 62 mit dem Fahrtziel Betriebshof in Adelsberg.

So wie hier im Jahr 2014 ziert der rosarote Blütenschmuck der Straßenbäume in jedem Frühjahr die Lutherstraße. Die Haltestelle dient den Buslinien 62 und 72.

Dieses Foto von 2004 zeigt den augenfälligen, 1929 fertiggestellten Verwaltungstrakt des Astra-Büromaschinenwerkes an der Altchemnitzer Straße. Das von Architekt Willy Schönefeld entworfene Gebäude ist seit 1994 Sitz des Regierungspräsidiums Chemnitz. Der MAN-Gelenkbus bedient die Linie 49 zur Chemnitzer Straße.

Das „Pegasus-Center" an der Reichenhainer Straße besticht durch seine markante Form einer Spitze. Der Mehrzweckbau, u. a. für Einrichtungen der Technischen Universität, entstand bis 1995. Der vorbeieilende Bus befährt die 2002 eingerichtete Studentenlinie 42 Gornauer Straße– Busbahnhof (Foto 2006).

Dieses Foto von 2020 gewährt einen Blick von der Chemnitzer Straße über das Würschnitztal zu den ersten Anhöhen des Erzgebirges. Die Buslinie 39 verbindet den Stadtteil Hutholz mit dem Kaufland und zwei Stationen der Chemnitz-Bahn C11 in Klaffenbach.

Am Bahnhof Neukirchen-Klaffenbach treffen sich Chemnitz-Bahn und Ortsbuslinie 39. Das Foto von 2021 zeigt das Empfangsgebäude, das bis 1895 zusammen mit der Eisenbahnstrecke nach Stollberg entstand.

Die Haltestelle am „Kristallpalast" der Linie 39 im 1997 eingemeindeten Klaffenbach mit Blick zur Kreuzkirche im Jahr 2020.

Unmittelbar am geografisch höchstgelegenen Punkt im Stadtgebiet, der Berbisdorfer Höhe (494 Meter), erreicht die Buslinie 76 den Ortsteil Eibenberg. Das Foto entstand 2020.

Die beim Publikum beliebt gewesene Sommer-Ausflugslinie 66 zwischen der Innenstadt und Augustusburg durchquerte in den Jahren ihres Bestehens 2002 bis 2007 auch das romantische Sternmühlental und legte vor der namensgebenden Gastwirtschaft einen Halt ein.

Die Linie 26 im Jahr 2013 auf der Weststraße vor einem repräsentativen Bankgebäude.

So wie auf diesem 2018 aufgenommenen Foto werden einige Wohnhäuser auf der Barbarossastraße immer wieder gern gezeigt, deren Fassaden mit Motiven auf Majolikaverblendung bestechen. Auf dem Hochpunkt des Kaßberges bedient ein Bus der Linie 31 in Richtung Flemmingstraße eine Haltestelle.

Die Fahrtroute der Linie 43 führt quer durch den Stadtteil Kappel, wo sie auch die um das Jahr 1905 entstandene Wohnsiedlung des „Chemnitzer Spar- und Bauvereins“ an der Lützowstraße berührt (2018).

Im Jahr 2003 entstand aus einer stillgelegten Gießerei an der Zwickauer Straße das Chemnitzer Industriemuseum; davor fährt eine „23“ stadtauswärts (2020).

Einem aufgeschlagenen Buch gleichend erhebt sich an der Neefestraße der „Solaris“-Turm, eine multifunktionelle Einrichtung aus dem Jahr 1995. Das Foto von 2005 zeigt einen Bus der Linie 54 auf dem Weg vom „Neefepark“ zur Zentralhaltestelle.

Eine interessante futuristische Straßenverknüpfung des Südrings mit der Neefestraße in drei Ebenen bietet seit 2007 der sogenannte „Überflieger". Im Foto von 2013 benutzt der stadteinwärts fahrende Bus die Tunnelstrecke.

Heute ist vom alten Schönauer Ortskern kaum noch etwas übrig geblieben. Vor der Lutherkirche von 1887 eilt der 41er Bus im Jahr 2021 der Umsteigestelle zur Stadtbahn an der Popowstraße entgegen.

Weihnachtliche Stimmung herrschte 2014 auf der Stelzendorfer Straße in der Schönauer Siedlung. Durch die Schneelandschaft fährt der Bus zum Hutholz.

Linie 26 vor der Montessori-Schule im Stadtteil Stelzendorf (2018).

Der 1951 errichtete Verwaltungsbau der Wismut AG an der Jagdschänkenstraße ist heute Sitz der Bundesknappschaft und geschütztes Objekt des Welterbes „Montanregion Erzgebirge". Im Jahr 2004 fährt ein „48er" zur Wolgograder Allee (über Neukirchen) vorüber. Die Linie wurde 2002 vom regionalen Kraftverkehr übernommen.

Vor bzw. nach dem Zweiten Weltkrieg waren die „Gemeinnützige Spar- und Wohnungsbau-Genossenschaft" bzw. die Wohnungsbau-Genossenschaft „8. Mai" u. a. rund um die heutige Kopernikusstraße aktiv. Seit 2008 ist dieses Gebiet verkehrsmäßig durch Kleinbusse der Linie 73, später 42, erschlossen (Foto 2012).

Der Kulturpalast in Siegmar wurde 1950 im neoklassizistischen Baustil von der SDAG Wismut erbaut. Er war ein begehrter Ort für Varietéveranstaltungen und Freizeitangebote; später diente er als Fernsehstudio. Auf dem Foto von 2015 startet ein Wagen der Linie 32 seine Tour zur Dresdner Straße.

Vor der Reichenbrander Johanneskirche von 1810 gabelt sich die Straße nach Hohenstein bzw. Oberlungwitz. Im Bild von 2015 hat der 41er Bus Mittelbach als Fahrtziel.

Besucher der „Pelzmühle" und des benachbarten Tierparkes verlassen an der gleichnamigen Haltestelle den Bus (Foto von 2015). Nach Abriss des baufälligen Etablissements entstand bis 2001 eine zeitgemäße Gaststätte am See.

Am „Rabenstein-Center" halten die Omnibuslinien 32, 42 und 43. Zur Advents- und Weihnachtszeit ziert eine Pyramide das Gelände (Foto von 2020).

Linie 73 vor der einstigen Gaststätte „Goldener Löwe“ in Rabenstein im Jahr 2015. Im Hintergrund ist der denkmalgeschützte Bahnviadukt zu erkennen, dessen Sanierung im Frühjahr 2021 begonnen hat. Er trug einst das Gleis der Strecke Wüstenbrand–Limbach.

Die erst 2019 eingerichtete Quartierbuslinie 49 verbindet die Stadtteile Mittelbach und Grüna, wo vor dem „Forsthaus“ am Rabensteiner Wald eine Haltestelle besteht.

Ein Wagen der Linie 32 fährt im Jahr 2020 auf der Trützschlerstraße an der architektonisch fein gegliederten Rabensteiner Schule vorüber.

Acht Jahre, nachdem das Klinikum an der Flemmingstraße im Jahr 2007 ein Bettenhochhaus mit schräg gestellter Glasfassade erhalten hatte, entstand dieses Foto. Die Linie 31 bedient in unmittelbarer Nähe eine Haltestelle.

Ein Bus der Linie 26 ist 2004 auf der Waldenburger Straße vor der Altendorfer Matthäuskirche unterwegs. Der im Historismus-Stil gehaltene Bau entstand im Jahr 1885.

5

Übersicht über wesentliche Fahrzeugtypen

Stadtlinienbus MAN NOB/4
Bestand acht Stück; Baujahre 1926/27; Länge 8,30 m; 28 Sitz-/10 bis 15 Stehplätze; Motorleistung 48 kW

Stadtlinienbus Büssing VI Gl n
Bestand der kleinen Ausführung zwei Stück; Baujahr 1927; Länge 9,16 m; 28 Sitz-/13 bis 15 Stehplätze; Motorleistung 44 bzw. 51 kW

Stadtlinienbus Mercedes-Benz O 4000
Bestand sechs Stück; Baujahr 1937; Länge 9,55 m; 32 Sitz-/18 Stehplätze; Motorleistung 81 kW

Stadtlinien-Trambus Krupp TD 4N 332
Bestand drei Stück; Baujahr 1940; Länge 9,30 m; 30 Sitz-/7 Stehplätze; Motorleistung 66 kW

Stadtlinienbus IFA H6B/S
Bestand fünf Stück; Baujahre 1954/55;
Länge 9,76 m; 25 bis 27 Sitz-/19 bis 38 Stehplätze;
Motorleistung 88 kW

Stadtlinienbus Škoda 706 RO/S
Bestand fünf Stück; Baujahr 1957;
Länge 10,50 m; 29 Sitz-/30 Stehplätze;
Motorleistung 99 kW

Regionallinienbus Ikarus 602/L
Bestand neun Stück; Baujahr 1958;
Länge 9,40 m; 30 bzw. 39 Sitz-/31 bzw. 22 Stehplätze; Motorleistung 92 kW

Stadtlinienbus Ikarus 66/S
Bestand 28 Stück; Baujahre 1958 bis 1967;
Länge 11,40 m; 26 bis 29 Sitz-/34 bis 67 Stehplätze;
Motorleistung 92 bis 107 kW

Regionallinienbus Ikarus 31/L
Bestand zehn Stück; Baujahr 1960;
Länge 8,54 m; 29 Sitz-/15 Stehplätze;
Motorleistung 63 kW

Stadtlinien-Gelenkbus Ikarus K-180.12 und K-180.32
Bestand 77 Stück; Baujahre 1968 bis 1973;
Länge 16,50 m; 36 Sitz-/144 Stehplätze;
Motorleistung 141 kW

Stadtlinien-Gelenkbus Ikarus 280.02
Bestand 227 Stück; Baujahre 1974 bis 1990;
Länge 16,50 m; 37 Sitz-/110 Stehplätze;
Motorleistung 141 kW

Stadtlinienbus Ikarus 260.02
Bestand 28 Stück; Baujahre 1974 bis 1989;
Länge 11,00 m; 22 Sitz-/76 Stehplätze;
Motorleistung 141 kW

Niederflur-Stadtlinien-Gelenkbus MAN NG 272
Bestand 31 Stück; Baujahre 1991 bis 1993;
Länge 17,94 m; 52 bis 56 Sitz-/55 bis 58 Stehplätze;
Motorleistung 184 kW

Niederflur-Stadtlinienbus Mercedes-Benz O 405 N
Bestand 78 Stück; Baujahre 1991 bis 1993;
Länge 11,71 m; 38 Sitz-/37 Stehplätze;
Motorleistung 157 kW

Niederflur-Standard-Stadtlinienbus Mercedes-Benz O 530 („Citaro")
Anzahl bis 2021: 40 Stück; Baujahre 1999ff.;
Länge 11,95/12,14 m; 27 bis 34 Sitz-/62 bis 75 Stehplätze; Motorleistung 205 bis 265 kW

Niederflur-Stadtlinien-Gelenkbus Mercedes-Benz O 530 G („Citaro")
Anzahl bis 2021: 49 Stück; Baujahre 1999ff.;
Länge 17,94/18,13 m; 35 bis 52 Sitz-/95 bis 112 Stehplätze; Motorleistung 220 bis 266 kW;
für 2022 werden 15 diesel-hybrid angetriebene Fahrzeuge erwartet.

6

Eine Stadterkundung mit der Omnibus-Ringlinie 82

Während der einstündigen Fahrt in einem fahrplanmäßigen Bus werden wir unsere Stadt genießen und dabei eine Reihe bekannter (oder vielleicht noch unbekannter) Baulichkeiten vor unserem Auge Revue passieren lassen. Am TU-Campus heißt es daher „Einsteigen und Platz nehmen!“ in einem der blauen CVAG-Linienbusse. Der mit jungen Bäumen bepflanzte Platz wird seit 1998 von einem in zeitgemäßem Baustil kreierten orangefarbenen **Hörsaalgebäude der Technischen Universität Chemnitz** flankiert. Rechtsseitig steht unweit der Straße der neoklassizistische **Kuppelbau des Krematoriums** inmitten des Urnenhains aus dem Jahr 1906. Auf dem Scheitelpunkt der Reichenhainer Straße schwenkt unser Bus in die Werner-Seelenbinder-Straße ein.

Das links befindliche **Sportforum** ist hinter einem Wall gelegen und verbirgt sich leider vor unseren Blicken. Neben der Kleingartenanlage gegenüber hat sich der **Omnibus-Betriebshof** der Chemnitzer Verkehrs-AG etabliert. Die in mehreren Baustufen zwischen 1994 und 2000 fertiggestellte Anlage verfügt über eine dreischiffige Fahrzeug-Abstellhalle, Inspektionswerkstatt, Betriebsdienstgebäude und Sozialtrakt.

In dem sich anschließenden Gewerbegebiet verlassen wir den bisherigen Fahrtweg und biegen vor einem Auto-Center in die Fraunhoferstraße ein. Gegenwärtig sind dort **Forschungseinrichtungen** für Hochtechnologien und Nanotechnik als zukunftsweisende Institutionen anzutreffen. Am Straßenbahn-Endpunkt Technopark der Linie 3 kreuzen wir die Gleise der Chemnitz-Bahn in Richtung Thalheim und Aue.

Bei einem Blick aus dem Wagenfenster erkennen wir westlich auf einem lang gezogenen Höhenrücken das Fritz-Heckert-Großwohngebiet. Diese in den Jahren 1974 bis 1990 für mehr als 90.000 Einwohner entstandene Plattenbausiedlung beherbergt nach vollzogenen Rückbauten heute noch 37.100 Bürger.

Unmittelbar am verkehrsberuhigten Stadlerplatz sind wir am **Südbahnhof** angelangt. Dieser trug einst den Charakter eines Verzweigungsbahnhofes der Eisenbahnstrecken Dresden–Werdau und Chemnitz–Aue bzw. Stollberg. Zwischen den Unterführungen befindet sich seit 1908 sein Empfangsgebäude. Das 16-geschossige **Seaside-Residenz-Hotel** flankiert den benachbarten Bernsbachplatz. Es wurde 1965 als Wohnungs-Punkthaus errichtet und dient nach Umbau seit 1992 seinem aktuellen Zweck.

Am Ende der nunmehr befahrenen Gustav-Freytag-Straße kreuzen wir die Annaberger Straße als Ausfallstraße in das mittlere Erzgebirge, auf welcher die Stadtbahnstrecke in Richtung Altchemnitz entlangführt. Links überspannt ein mächtiger **Stahlbogen-Viadukt** die Straße und die Chemnitzflussaue. Das 275 Meter lange Bauwerk aus dem Jahr 1909 bleibt als

Denkmal der Industriegeschichte in seiner derzeitigen Form erhalten und soll ab Frühjahr 2022 umfangreich saniert werden.

Bei einer Rundfahrt im Gegenuhrzeigersinn nehmen wir jenseits der Brücke den **Uhrenturm** der ehemaligen Wirkmaschinenfabrik von Schubert & Salzer wahr. Das 53 Meter hohe Wahrzeichen schuf Architekt Erich Basarke im Jahr 1928. Nach der erstmaligen Überquerung des Chemnitzflusses strebt unser Bus auf der erst 2005 fertiggestellten Straßentangente dem **Eisenbahnhaltepunkt Chemnitz Mitte** entgegen. Sein im Jugendstil gehaltenes Empfangsgebäude aus dem Jahr 1906 führt derzeit leider nur ein Schattendasein. Seinem langjährigen Zweck dient es ohnehin nicht mehr, seitdem im März 2021 ein neuer Bahnsteig übergeben wurde, der ein Stück entfernt in Richtung Hauptbahnhof gelegen ist. Beim Kreuzen der Stollberger Straße fällt unser Blick rechtsseitig auf die markanten Türme des Marktes und des Hotel-Hochhauses. Davor nehmen wir den mit Travertin verkleideten Bau des **Museums Gunzenhauser** wahr. Er trägt die Handschrift des Stadtbaurates Otto, diente ab 1930 zunächst als Sparkassensitz und beherbergt seit 2007 eine umfangreiche Gemäldesammlung. Auf dem Terrain der im Krieg zerstörten Nikolaikirche wurde 1995 auf dem Niklasberg das Dorint-Hotel errichtet, welches 2007 zum **Seniorenresidenz „SenVital"** umgebaut worden ist.

Unsere Fahrt setzt sich auf der Reichsstraße fort, deren Bezeichnung auf den historischen Handelsweg zwischen Leipzig und Prag hinweist. Der nächste Straßenknoten ist die Zwickauer Straße, welche als Ausfallstraße in Richtung Westerzgebirge, Zwickau und als Autobahnzubringer dient und darüber hinaus mit Gleisen für die Stadtbahnlinie 1 nach Schönau versehen ist. Wir überqueren sowohl die Straße als auch den Kappelbach. Der Wasserlauf entspringt westlich der Stadt; am nahen Pfortensteg nimmt ihn der Chemnitzfluss in sich auf. Von einer kleinen Anhöhe halbrechts grüßt nun die katholische **Kirche St. Johannes-Nepomuk** herüber. Das schlichte Bauwerk wurde als Ersatz für die zerbombte Vorgängerkirche 1955 geweiht und 1992 mit einem Glockenturm vollendet. Das fünfgeschossige Gebäude gegenüber entstand 1938 im neoklassizistischen Stil als **Versicherungsanstalt** und dient heute als Sächsisches Landesamt für Familie und Soziales.

Dank der installierten 300 PS Power bewältigt unser Fahrzeug mit Bravour die Steigung auf den Kaßberg hinauf. Auf halbem Weg steht am Stephanplatz das Verwaltungsgebäude der ehemaligen **Oberpostdirektion** aus dem Jahr 1904 mit Spitzgiebeln und neugotischen Schmuckelementen an den Fassaden. Heute beherbergt es eine Ausbildungsstätte. Dem Bau gegenüber erinnert mahnend eine **Porphyrstele** an die in der Pogromnacht im November 1938 niedergebrannte **Synagoge**. Ihre Nachfolgerin in Form eines ovalen, nach oben geweiteten Kegelstumpfes wurde 2002 an der Stollberger Straße geweiht.

Auf dem Scheitelpunkt der Reichsstraße biegen wir nach links in die Weststraße ein und erreichen ein Stadtgebiet, welches überwiegend in den „Gründerjahren" besiedelt worden ist. Die im rechtwinkligen Raster angelegten Straßen wurden mit Wohnhäusern und Villen unterschiedlicher Baustile flankiert. Meist wählten finanziell gut gestellte Familien hier auf dem „Balkon der Stadt" den Platz für ihre Domizile aus. Heute gilt der **Kaßberg** als Flächendenkmal.

Auf unserer Fahrt nehmen wir linksseitig die **Westschule** aus dem Jahr 1903 wahr. Ein Türmchen krönt das Dach des Hauptgebäudes, welches Stadtbaurat Richard Möbius entworfen hat.

An der Kreuzung mit der Barbarossastraße befinden wir uns mit 326 Metern auf der höchsten Stelle der Weststraße. Erstgenannter Straßenzug führt nun bergab ins Tal des Pleißenbaches. Die für den Kaßberg typische wohlgeordnete Bebauung wird rechts von dem parkartig gestalteten Andréplatz mit dem 1908 eröffneten **Wilhelm-André-Gymnasium** an der Südseite unterbrochen. Dessen Schöpfer war ebenfalls Richard Möbius, dem wir u. a. das Neue Rathaus, die Oper und das Museum am Theaterplatz zu verdanken haben. Die Straßenfront des Schulgebäudes ist spiegelsymmetrisch gestaltet; je eine Hälfte war einst den Jungen bzw. Mädchen vorbehalten. Schräg gegenüber befindet sich die **Kreuzkirche** aus dem Jahr 1936. Kennzeichnend für das von Otto Bartning konzipierte Gotteshaus ist der vom Langhaus getrennte frei stehende Glockenturm mit 40 Metern Höhe. Nach erlittenen schweren Bombenschäden konnte die Saalkirche nach dem Wiederaufbau in bescheidener Weise 1954 abermals geweiht werden.

Parallel zum Pleißenbach verläuft die Limbacher Straße in Richtung Altendorf und die weiterführende Beyerstraße überbrückt den Wasserlauf auf dessen Weg zum Schloßteich.

Unsere Fahrt setzt sich durch die Paul-Jäkel-Straße fort. Dem Luisenplatz gegenüber erblicken wir die **Luisenschule**. Diese wurde 1890 als viergeschossiger Klinkerbau mit Mittelrisalit erbaut. Auf der anschließenden Konradstraße nähern wir uns der Leipziger Straße als bedeutender Ausfallstraße in nördliche Richtung und zur Autobahn. Deren ursprüngliche Bebauung vom Ende des 19. Jahrhunderts ist inzwischen modernen Wohn- und Geschäftskomplexen gewichen. Im Stadtteil Schloßchemnitz befahren wir zunächst die Salzstraße – deren Name weist auf eine 1840 im Schloss eingerichtete staatliche Salzniederlassung für den Handel mit Böhmen hin – und nähern uns der Keimzelle unserer Stadt: Am Schloßplatz nehmen wir in unmittelbarer Nähe die **Schloßkirche mit dem benachbarten Museumstrakt** wahr.

Um das Jahr 1136 gründete Kaiser Lothar zusammen mit seiner Frau Richenza auf einem Bergsporn über dem „kamenici"-Fluss (= Steinbach) das Kloster St. Marien und übereignete es Mönchen des Benediktinerordens aus Pegau. Die zur selben Zeit errichtete romanische Klosterkirche wurde ausgangs des 15. Jahrhunderts bis 1526 unter den Äbten Heinrich von Schleinitz und Hilarius von Rehburg in eine spätgotische Hallenkirche umgebaut; sie ist damit die älteste Kirche der Stadt. Ihr spitzer Turmhelm wich nach seiner Zerstörung 1945 einem nüchternen Walmdach; die Turmhöhe verringerte sich damit auf 48 Meter. Wertvollste Ausstattungsteile des sanierten Kirchenschiffs sind das sehenswerte spätgotische Nordportal und die Geißelsäule.

Nach der Säkularisierung des Klosters 1540 im Zug der Reformation ließ Kurfürst Moritz dieses in den Jahren 1546 bis 1548 in ein Schloss der Wettiner umwandeln, doch nach dem Tod des sächsischen Herrschers bestand vorerst wenig Interesse an der weiteren Nutzung der Baulichkeiten. Der Dreißigjährige Krieg hinterließ große Schäden; danach wurden Teile davon sogar noch abgetragen. So ist außer der Schloßkirche schließlich nur ein Rest der Klosterflügel mit Kreuzgang erhalten geblieben, die nach notwendigen Umbauten im Stil der Renaissance als Museum und Veranstaltungssäle genutzt werden.

Über der Kleingartenanlage am Schloßplatz ragen die Baumwipfel des nahe gelegenen Küchwaldes heraus. Dieser gehörte einst dem Kloster und wurde nach Erwerb durch die Stadt nach 1884 zu einem Erholungspark umgestaltet.

Inzwischen ist unser Bus den „Hechler-Berg" hinabgefahren und vor uns breitet sich der **Schloßteich** aus. Benediktinermönche hatten diesen bereits am Ende des 15. Jahrhunderts als Fischteich angelegt, bevor das Gelände ab 1860 unter Bürgermeister Friedrich Müller und Stadtrat Robert Zipper parkartig umgestaltet wurde. Die Entschlammung des Teiches bescherte letztlich die Aufschüttung des Aushubes zu einer Insel darin. Nach Liquidation der einstigen Sächsischen Maschinenfabrik vorm. Richard Hartmann als Folge der Weltwirtschaftskrise wurde das Areal der Schloßteichanlagen unter Stadtbaurat Otto erweitert, bis 1938 landschaftsgärtnerisch umgestaltet und durch Wasserkünste sowie die bekannten Schilling'schen Figuren der „Vier Tageszeiten" bereichert.

Sowohl die Gaststätte „Miramar" auf der Anhöhe als auch weitere im Fachwerkstil gehaltene **Restaurants mit historischem Ambiente** wie „Kellerhaus", „Zur Schloßmühle", „Schloßvorwerk" und „Zur Ausspanne" am Fuß des Schloßberges sind mit der Omnibus-Ringlinie weggünstig erreichbar und laden zu jeder Jahreszeit zum Verweilen ein.

Rechtsseitig erblicken wir das von Curt am Ende im Stil des Modernen Bauens entworfene und 1931 fertiggestellte viergeschossige Gebäude der **Allgemeinen Ortskrankenkasse**. Es besitzt einen auffallend geschwungenen Eingangsbereich und ist mit Rochlitzer Porphyr verkleidet. In der entgegengesetzten Fahrtrichtung ist von diesem Standort aus der monumentale Sakralbau der Schloßkirche samt Museum auf dem sich vor uns erhebenden Schloßberg zu sehen.

An der Müllerstraße steht ein solitäres Gebäude direkt am Wasser: die 1850/51 von Carl Wilhelm Müller im spätklassizistischen Baustil erbaute **Kattundruckerei**. Sie wurde bis 1890 industriell genutzt und befindet sich nach langen Jahren des Leerstandes im Umbau zu einem Wohnhaus. Unmittelbar daneben überqueren wir den Chemnitzfluss zum zweiten Male. Der für unsere Stadt namengebende Wasserlauf wird aus den Gebirgsflüssen Würschnitz und Zwönitz gebildet und mündet nach 37 km in die Zwickauer Mulde bei Wechselburg. Über dem Fluss erblicken wir in nördlicher Richtung den 302 Meter hohen **Schornstein des Heizkraftwerkes Nord** (im Volksmund „Buntstift" genannt), welcher – quasi als neues Wahrzeichen unserer Stadt – nachts mit farbigen Lichteffekten, entworfen vom Künstler Daniel Buren, erstrahlt.

Zwei landschaftsgärtnerisch gestaltete Plätze mit hohen Laubbäumen lockern als Grünoasen die Eintönigkeit der Häuserkarrees der Nordvorstadt auf: der Zöllnerplatz und der Wilhelm-Külz-Platz. Vor der Eisenbahnbrücke über die August-Bebel-Straße blicken wir linksseitig auf das sanierte Produktionsgebäude der einstigen **Werkzeugmaschinenfabrik der Gebr. Escher** von 1874 mit seiner farbigen Klinkerfassade als bemerkenswerten Vertreter Chemnitzer Industriekultur. Nach kurzer Steigung sind wir auf dem Thomas-Mann-Platz angelangt. Der linkerhand befindliche frühere Schlacht- und Viehhof aus den Jahren 1882/83 wurde total umgebaut und 1997 als vielseitiges **Einkaufscenter „Sachsenallee"** mit 3,2 Hektar Verkaufsfläche neu eröffnet.

Die Dresdner Straße kreuzt als Fernverkehrsstraße in Richtung Frankenberg und Dresden den Platz. Weiter geht die Fahrt nun durch die Palmstraße, bis plötzlich vor uns das **Stadion an der Gellertstraße** ins Blickfeld rückt. Diese in den Jahren 2014 bis 2016 neu gebaute Sportarena bietet 15.000 Zuschauern Platz. Für das Vorhaben mussten der bisherige Sportplatz und ein ehemaliger Straßenbahn-Betriebshof komplett aufgegeben werden.

Wir biegen an diesem Punkt nach rechts ab und fahren durch die verkehrsberuhigte Zietenstraße den **Sonnenberg** hinauf. An der Fürstenstraße haben wir mit 330 Metern, mithin 33 Meter über dem Niveau des Marktes, einen weiteren Hochpunkt unserer Fahrt erklommen. Rechts zeigt sich der doppelhelmige, 84 Meter hohe Turm der **Markuskirche**. Der Sakralbau im Stil der Backsteingotik des Architektenpaars Abesser/Kröger wurde 1893 bis 1895 errichtet. Er dient sowohl Gottesdiensten als auch musikalischen Aufführungen.

Die Zietenstraße führt nun abschüssig an den Häusergevierten des Sonnenberges vorbei hinab in das Gablenzbachtal, das an der Augustusburger Straße erreicht ist. Auf dem Weg grüßt von der gegenüberliegenden Anhöhe die mächtige, 1908 geweihte **Lutherkirche** herüber. Der 64 Meter Höhe messende Zentralbau in der damals ganz neuen Betonbauweise ist mit Stilelementen der Romanik gestaltet und wurde von Architekt Kuhlmann entworfen. Gemäß dem Leitspruch „Eine feste Burg ist unser Gott" ihres Namensgebers überragt die Kirche das Lutherviertel. Im Talgrund des Gablenzbaches vermissen wir den eigentlichen Wasserlauf, ist dieser doch bereits seit Beginn des 20. Jahrhunderts verrohrt, um ausreichend Platz für die Straße und die Straßenbahn zu gewinnen. Heute führt neben der Augustusburger Straße die Schienenbahntrasse nach Gablenz hinaus.

Vor uns erhebt sich nun ein markanter Bürohauskomplex mit Ladengeschäften: die **Steinhauspassage**. Dabei springt ein halbkreisförmiger Baukörper zwischen der Adelsberg- und Clausstraße besonders ins Auge. Seit 1995 wird das vom Architekten Peter Koch entworfene Ensemble genutzt. Erneut verläuft unsere Fahrt bergauf – diesmal auf der Clausstraße an der Stadtteilgrenze zu Gablenz entlang. Auf dem Hochpunkt mit 349 Metern können wir in der entgegengesetzten Fahrtrichtung einen Blick auf das Häusermeer des Sonnenberges mit seiner stolz herausragenden Krone, der Markuskirche, werfen.

Das erhöht gelegene Stadtgebiet zwischen Gablenz und Bernsdorf gewährte ab Mitte der 1920er-Jahre einen idealen Standort von Wohnsiedlungen. Nach dem Grundsatz „Licht, Luft und Sonne" boten Wohnungsgesellschaften zahlreichen Mietinteressenten eine bezahlbare Möglichkeit, der drückenden Enge der Altstadt zu entfliehen und zeitgemäße Wohnungen in einem aufgelockerten und gesunden Umfeld zu beziehen. Planungsbüros und Architekten entwarfen weitläufige Reihenhausgevierte mit einbezogenen Grünflächen als halboffene **Wohnhöfe** sowie parallele Häuserzeilen, unterbrochen von quer angeordneten Wohnbauten, in jeweils eigener Formensprache. Auf diese Weise etablierten sich beispielsweise die Siedlungen an der Geibelstraße, am Heimgarten, der „Pappelhof" und der „Lindenhof".

Nun biegen wir in die Wartburgstraße ein, welche steil ins Bernsbachtal hinab führt. Diese kreuzt die Zschopauer Straße als südöstliche Ausfallstraße. Das namengebende Gewässer wurde bereits im 19. Jahrhundert in das öffentliche Abwassersystem eingebunden.

Ein rechterhand angesiedelter Wohnhof erhielt seiner abgetreppten Anlage wegen die Bezeichnung „Terrassenhof". Auf der querenden Bernsdorfer Straße führt die Schienenbahnstrecke zum Bernsdorfer Sommerbad. Linkerhand erblicken wir ein mächtiges Schulgebäude mit Turmaufsatz. Dieses heutige **Johann-Wolfgang-von-Goethe-Gymnasium** entwarf Erich Basarke, welcher für das Schulgebäude von 1910 den neoklassizistischen Baustil wählte.

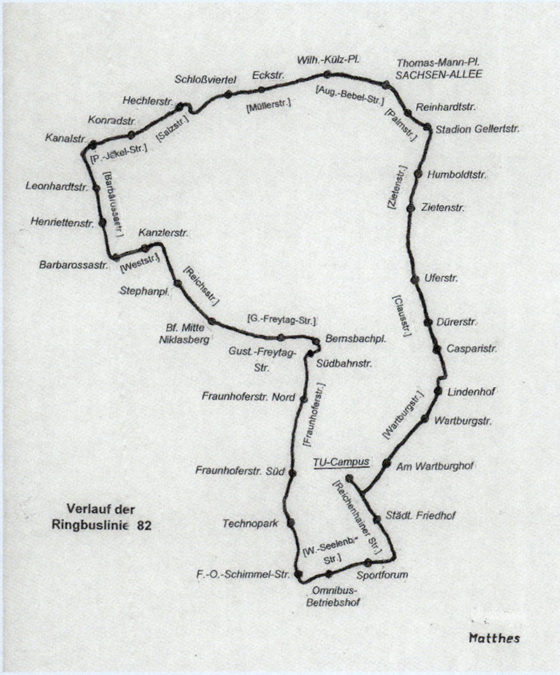

Verlauf der Ringlinie 82.

Nach wenigen Metern Fahrt beginnt auf der linken Seite das Areal des **Städtischen Friedhofs**. Seine rund 30 Hektar umfassende Fläche besteht bereits seit 1874 als Ersatz für die Grabstellen in der Johannisvorstadt. Man findet hier auch Ruhestätten bedeutender Chemnitzer Bürger, wie beispielsweise der Fabrikanten Richard Hartmann und Johann von Zimmermann. Mit dem „Ehrenhain der Sozialisten" wird der antifaschistischen Widerstandskämpfer gedacht. Ein Besuch dieser parkartig angelegten Oase der Ruhe abseits des Großstadtlärmes lohnt sich im Anschluss an unsere Rundfahrt; sehenswert ist dabei u. a. die von 1904 stammende Christus-Statue aus weißem Marmor.

Inzwischen nähert sich unser Omnibus seiner Endstation unmittelbar am Karree des 1928 vollendeten „Wartburghofes". Reichlich 14 km hat er in der vergangenen Stunde absolviert. Wir verlassen das Fahrzeug, angereichert mit neuen Eindrücken von unserer Stadt Chemnitz.

Starthaltestelle für die Linie 82 ist der im Bildhintergrund sichtbare Hörsaalkomplex auf dem Uni-Campus (wegen seiner Farbgebung scherzhaft „Orangerie" genannt). Die Reichenhainer Straße war 2014 für die Straßenbahntrasse noch nicht umgebaut.

Die Feierhalle des Krematoriums im Urnenhain.

Die Betriebswerkstatt des Omnibus-Betriebshofes der CVAG an der Werner-Seelenbinder-Straße im Zustand von 1998.

Drei höhenmäßig gestaffelte Abstellhallen bieten in der Großgarage Platz für insgesamt 72 Gelenk- und 54 Zweiachsbusse. Das Gebäude wurde 1998 seiner Bestimmung übergeben.

Im Gewerbepark an der Werner-Seelenbinder-Straße.

Südlich der Eisenbahnbrücken des Südbahnhofs zweigt am Stadlerplatz die Fraunhoferstraße ab.

Das Residenzhotel
am Bernsbachplatz.

Der denkmalgeschützte Eisenbahnviadukt überspannt die Chemnitzflussaue; im Hintergrund ragt der Uhrenturm des einstigen Wirkmaschinenwerkes von Schubert & Salzer hervor.

Auf dem Niklasberg angelangt: die Seniorenresidenz „SenVital" an der Stollberger Straße mit Blick zu den Türmen des Marktes.

Am Eisenbahn-Haltepunkt Chemnitz Mitte vor dessen Umbau; im Hintergrund das frühere Empfangsgebäude.

Hinter der Kreuzung von Zwickauer und Reichsstraße erhebt sich die Kirche St. Nepomuk.

Das Gebäude der ehemaligen Oberpostdirektion am Stephanplatz.

Die Westschule an der Weststraße.

Auf dem Hochpunkt des Kaßberges kreuzen sich West- und Barbarossastraße.

Blick über den Andréplatz mit Gymnasium und Kreuzkirche; die Buslinien 31 und 82 benutzen hier den gleichen Fahrtweg.

Die Pleißenbachbrücke an der Beyerstraße; unmittelbar danach gabeln sich die Linien 31 und 82.

Die Luisenschule im Stadtteil Schloßchemnitz.

Die Stadt zeigt an der Kreuzung von Leipziger und Salzstraße ihr neues Gesicht.

Blick vom Schloßplatz zur Schloßkirche.

Über den Schloßteich hinweg breitet sich vor unserem Auge die Innenstadt aus.

Am Fuß des Schloßberges werben einige Restaurants um Gäste. Untergebracht sind die Gaststätten meist in Fachwerkhäusern, in denen sich ein Stück des alten Chemnitz bewahrt hat.

Nordwestlich der Allgemeinen Ortskrankenkasse erhebt sich der Schloßberg.

Blick von der Chemnitzbrücke an der Müllerstraße aus zum Schornstein des Heizkraftwerkes Nord.

Haltestelle Eckstraße mit Blick zur ehemaligen Müller'schen Kattundruckerei.

Der Zöllnerplatz mit dem Eckgebäude an der Mühlen-/Müllerstraße. Hier begegnen sich tagsüber die Stadtbuslinien 22, 23, 51, 79 und 82.

Der Wilhelm-Külz-Platz zeigt sich in landschaftsgärtnerisch neuer Gestaltung.

In der August-Bebel-Straße befand sich nahe der Eisenbahnüberführung die Werkzeugmaschinenfabrik der Geor. Escher mit denkmalgerecht restauriertem Hauptgebäude.

Die Einkaufsmeile „Sachsen-Allee" am Thomas-Mann-Platz.

Begegnung mit einem Bus der Linie 51 am Stadion an der Gellertstraße.

Blick auf die Markuskirche von der Kreuzung der Zieten- mit der Fürstenstraße aus; es nähert sich ein Bus der Linie 31 zum Yorckgebiet.

Über die Zietenstraße grüßt die Lutherkirche zum Sonnenberg herüber.

Im Tal des Gablenzbaches führt die Augustusburger Straße nach rechts in Richtung Erzgebirge.

Die Steinhauspassage steht am Beginn der Clausstraße.

Blick von der Clausstraße zur Markuskirche und zum Sonnenberg. Die Buslinien 62, 82 und N 13 nutzen gemeinsam diesen Fahrtweg durch das Lutherviertel.

Am „Lindenhof", einer Wohnanlage aus dem Jahr 1927.

Der „Terrassenhof" an der Wartburgstraße.

Das Johann-Wolfgang-von-Goethe-Gymnasium gehört zu den prägenden Bauten des Stadtteils Bernsdorf; davor ist eine Straßenbahn stadtauswärts unterwegs.

Ankunftshaltestelle auf der Reichenhainer Straße am „Wartburghof".

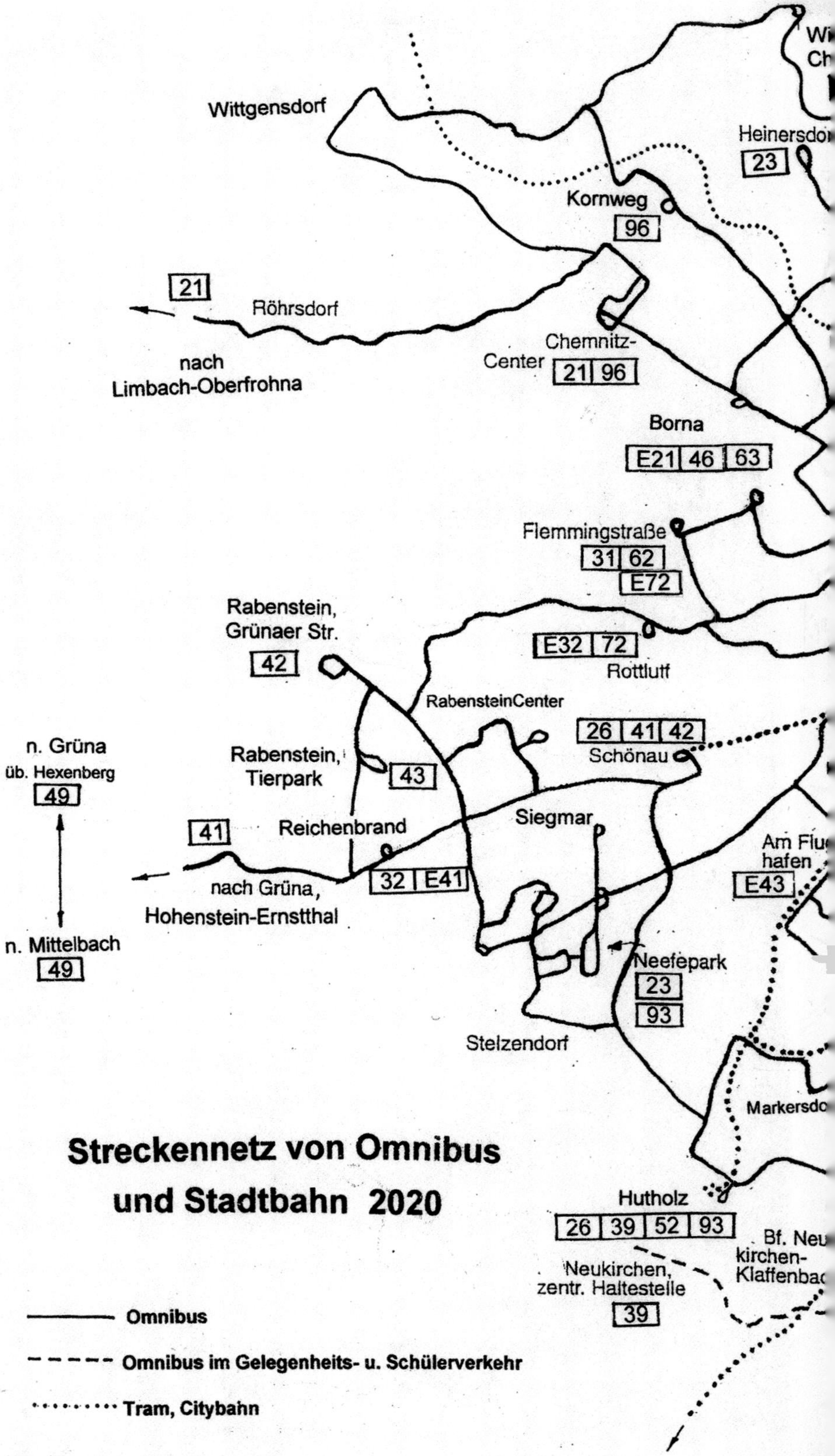

Streckennetz von Omnibus und Stadtbahn 2020

Omnibus

Omnibus im Gelegenheits- u. Schülerverkehr

Tram, Citybahn

1) **Hauptbahnhof**
2) **Busbetriebshof Werner-Seelenbinder-Str.**
3) **Zentralhaltestelle**

22 51 52 79